科学家名人传记丛书

U0828340

伽利略

近代自然科学之父

Father of modern natural science

Galileo

傅德岷——主编

上海科学技术文献出版社
Shanghai Scientific and Technological Literature Press

图书在版编目(CIP)数据

伽利略:近代自然科学之父/傅德岷主编. —上海:
上海科学技术文献出版社,2021
ISBN 978-7-5439-8394-6

Ⅰ. ①伽… Ⅱ. ①傅… Ⅲ. ①伽利略(Galileo
1564—1642)—传记—青少年读物 Ⅳ. ①K835.466.1-49

中国版本图书馆 CIP 数据核字(2021)第 142194 号

策划编辑:张 树
责任编辑:詹顺婉

伽利略:近代自然科学之父

傅德岷 主编

*

上海科学技术文献出版社出版发行
(上海市长乐路 746 号 邮政编码 200040)
全 国 新 华 书 店 经 销
四川省南方印务有限公司印刷

*

开本 650×900 1/16 印张 13.75 字数 275 000
2021 年 8 月第 1 版 2021 年 8 月第 1 次印刷
ISBN 978-7-5439-8394-6
定价:48.00 元
http://www.sstlp.com

前　言

伽利略（Galileo Galilei，1564—1642），伟大的意大利物理学家和天文学家，近代实验科学的先驱者。他开创了以实验事实为基础并具有严密逻辑体系和数学表述形式的近代科学。他反对以亚里士多德为旗号的经院哲学对科学的禁锢，致力于改变与加深人类对物质运动和宇宙的科学认识，因此被誉为“近代科学之父”。

伽利略在1572年开始上学，1575年随家迁居佛罗伦萨进入修道院学习。1589年他被聘为比萨大学的数学教授。

1590年，伽利略在比萨斜塔上做了“两个铁球同时落地”的著名实验，有力驳斥了亚里士多德“物体下落速度和重量成比例”的观点，纠正了这个持续了1900年之久的错误结论。1591年伽利略到威尼斯的帕多瓦大学任教，1609年回佛罗伦萨。1609年，伽利略创制了天文望远镜（后被称为伽利略望远镜），并用来观测天体，他发现了月球表面的凹凸不平，并亲手绘制了第一幅月面图。1610年1月7日，伽利略发现了木星的4颗卫星，为哥白尼学说找到了确凿的证据，标志着哥白尼学说开始走向胜利。借助于望远镜，伽利略还先后发现了土星光环、太阳黑子、太阳的自转、金星和水星的盈亏现象以及银河是由无数恒星组成等等。这些发现开辟了天文学的新时代。1611年他到罗马并担任林赛科学院的院士，1633 年 2 月以“反对教皇，宣扬邪学”的罪名，被罗马宗教裁判所判处终身监禁。1638 年以后，他双目逐渐失明，晚景凄凉，1642 年 1 月 8 日逝世。三百多年后，1979 年 11 月 10 日，罗马教皇不得不在公开集会上宣布：1633 年对伽利略的宣判是不公正的。1980 年 10 月又提出重审这一案件，并在罗马组建一个由不同宗教信仰者组成的世界著名科学家委员会来研究伽利略案件的始末，研究科学同宗教的关系，研究伽利略学说的科学价值及其对现代科学思想的贡献。

伽利略著有《星际使者》《关于太阳黑子的书信》《关于托勒密和哥白尼两大世界体系的对话》和《关于两门新科学的对谈》。

为了纪念伽利略的功绩，人们把木卫一、木卫二、木卫三和木卫四命名为伽利略卫星。

人们争相传颂：“哥伦布发现了新大陆，伽利略发现了新宇宙。”

伽利略的科学发现，不仅在物理学史上而且在整个科学史中都占有极其重要的地位。他不仅纠正了亚里士多德统治欧洲近两千年的错误观点，更创立了研究自然科学的新方法。伽利略在总结自己的科学研究方法时说过：“这是第一次为新的方法打开了大门，这种将带来大量奇妙成果的新方法，在未来的年代里，会博得许多人的重视。”后来，惠更斯继续了伽利略的研究工作，他导出了单摆的周期公式和向心加速度的数学表达式。牛顿在系统地总结了伽利略、惠更斯等人的工作后，得到了万有引力定律和牛顿三大运动定律。伽利略留给后人的精神财富是宝贵的。爱因斯坦曾这样评价：“伽利略的发现，以及他所用的科学推理方法，是人类思想史上最伟大的成就之一，而且标志着物理学的真正的开端！”

目　录

第一篇　与生俱来的天赋 …………………… 1
教堂里摆动的吊灯 …………………… 1
脉搏计 …………………… 19
奔波于贵族之间 …………………… 30

第二篇　美好人生的开始 …………………… 44
跻身杏坛 …………………… 44
可疑的胜利 …………………… 49
到威尼斯闯天下 …………………… 57
繁重的家庭负担 …………………… 64
超越黑暗天空的星辰 …………………… 78

第三篇　科学研究的春天 …………………… 89
返回故里 …………………… 89
望远镜不会做假 …………………… 98
证实哥白尼学说 …………………… 105
金星盈亏现象 …………………… 117
罗马的春天 …………………… 128

第四篇　暴风骤雨的来临 ······················ 137
乌云密布的天空 ······························ 137
父女情深 ···································· 143
暗伏的危机 ·································· 149
《对话》问世 ································ 161
艰辛的挑战 ·································· 164

第五篇　凄楚飘摇的晚年 ······················ 171
修道院里的囚徒 ······························ 171
玛丽亚过世 ·································· 181
最残酷的打击 ································ 186
未完成的构想 ································ 190
夕阳西下 ···································· 205

附录　伽利略年表 ···························· 208

第一篇　与生俱来的天赋

真理就是具备这样的力量，你越是想要攻击它，你的攻击就愈加充实和证明了它。

——伽利略

教堂里摆动的吊灯

伽利略 1564 年 2 月 15 日出生于意大利西海岸比萨城一个没落的贵族之家。据说他的祖先是佛罗伦萨很有名望的医生，但是到了他的父亲伽利略·凡山杜这一代，家境日渐衰落。凡山杜是个很有才华的作曲家，生前出版过几部牧歌和器乐作品，他的数学也很好，还精通希腊文和拉丁文，但是美妙的音乐不能填饱一家人的肚皮，他的数学才能也不能给他谋到一个好职位。伽利略出生后不久，凡山杜在离比萨城不远的佛罗伦萨开了一间卖毛织品的小铺子。这完全是不得已的办法，但是为了维持一家人的生活，凡山杜只好违背自己的意愿去经商。这个

佛罗伦萨一景

时候的省城正由美第奇家族的银行家兼威尼斯商业巨子统治着。

伽利略出生后，他父亲愈发对这个开设在佛罗伦萨的小小羊毛商店感到乏味。他的儿女们怎会知道，他们的父亲脾气日见暴躁，对孩子们那样没有耐心，原来是因为他对前途感到害怕和绝望。他害怕穷困，他和孩子们住的石建屋宇外表尚可，里面却空气沉闷，潮湿得像地窖。每当他在街道上撞见一些贫苦乞丐时，心里会不禁战栗，幻想着自己和儿女可能有一天也要陷入靠乞讨面包来生活的悲惨境地。

于是，悲伤失望的乐师终于鼓起勇气来，希望他的长子有一天能重振门楣。他给孩子取名叫“伽利略”，即使是在现在的佛罗伦萨，这位物理学家的名字仍是非同凡响的。给小孩取一个这样响亮的名字，象征拥有美好的事业前途。凡山杜常会以此向他的妻子炫耀，可是，总是换来一阵耸肩的揶揄。

小伽利略是凡山杜的长子，父亲对儿子寄予很大希望。他发现，小伽利略非常聪明，从小对什么事物都充满强烈的好奇心，不仅如此，这个孩子心灵手巧，似乎永远闲不住，不是画图，就是弹琴，而且时常给弟弟妹妹做许多灵巧的机械玩具，并乐在其中。

小伽利略最初进了佛罗伦萨修道院的学校。在这所学校，他专心学习哲学和宗教，有段时间，小伽利略很想将来当一个献身教会的传教士。凡山杜听到这个情况后，立即把儿子带回家，他劝说伽利略去学医，这也是他为儿子的未来早已设计好的一条路。

17 岁那年，伽利略进入著名的比萨大学，按照父亲的意愿，他成为了一名医科学生。走在比萨大学的校园中，这位矮壮、红头发学生心中思索着幼年时父亲对他的期望。

比萨大学一景

他父亲在教他玩风琴和笛子的时候，曾大声而惊异地说："看你这个音乐天才，有一天，你会成为托斯卡纳大公爵宫廷里最受喜爱的音乐师，不会像你爸爸，只能玩玩自己听。"

伽利略还记得当时他妈妈喃喃的怨言："音乐能够给你更多的面包吗？"

但年轻的伽利略却梦想成为一位画家。他早期的绘画，在这充满着艺术气息的佛罗伦萨城里，曾广受好评。达恩波就曾亲自把画拿来请伽利略做评析，他说他所有的画都受到了伽利略透视观的影响。

有一天晚上，伽利略的父亲将商店的布匹整理完毕，把门关上后，对妻子说："假如我们的儿子真的终身从事艺术，那真是一个幸运的好兆头！他出生的地方，与达·芬奇（Leonardo Da Vinci，1452—1519，意大利画家、雕刻家、建筑师、工程师及科学家）出生地相距不远。你该还记得，姬利，我们的伽利略出生的那个月份，正是米开朗琪罗（Michelangelo Buonarroti，1475—1564，文艺复兴时期意大利最著名的雕刻家、画家及建筑家）去世的那个月。"

拉斐尔画像

他的妻子一面数着柜台下面铁盒子里为数不多的几个银币，一面低头轻蔑地偷笑。

见太太没说话，他又解释说："你是对的，除非他成为一个米开朗琪罗，或者一个拉斐尔（Raphael，1483—1520，意大利画家及建筑家），或者一个本威努托·切利尼（Benvenuto Cellini，1500—1571，意大利的雕刻家及金匠），不然，他会和我一样，需要辛苦一辈子才能维持生活。"

背景知识

切利尼

本威努托·切利尼，出生于1500年，死于1571年，意大利雕塑家、金银工艺师、作家。他十分崇拜米开朗琪罗。在他的宇宙观里留存着许多来源于文艺复兴时期的个人主义因素。

切利尼是文艺复兴时期风格主义艺术的代表人物。他的金银工艺品《弗朗索瓦一世盐罐》（1539—1543）与青铜雕像《珀耳修斯与美杜莎之首》（1545—1554）是其最著名的代表作。此外，他还被认为是一位不大用阴影的真实主义画家。

他受到罗马教皇、佛罗伦萨大公、法国国王的高度评价。他是风格主义雕塑中装饰派的代表人物，是当时唯一的主张恢复雕塑作品中英雄气概的艺术家。

16世纪20—30年代他作为珠宝工艺师在教皇宫廷里工作，他出色地掌握了文艺复兴时期小型雕像的传统技艺。16世纪40年代风格主义盛行一时。1540年他应邀去法国，1545年回到佛罗伦萨后完全献身于雕塑工作，他的创作探索超出了佛罗伦萨风格主义流派追求的范围。他以米开朗琪罗的思想作为依据，力图使雕塑在空间中增强形体的动态，同时可以被环绕着从不

《珀耳修斯与美杜莎之首》

同角度来观赏。如1548年他创作的《科西莫一世半身像》就是这一探索的实践成果之一。

塑造被当时佛罗伦萨风格主义不屑一顾的英雄形象是他创作活动中的重要部分。他的代表作《珀耳修斯与美杜莎之首》就是一例。从他预先准备的小构图上也可以看出他逐步构思的经过，第一个蜡制小构图由于富有诗意而使其余变形构图相形见绌，在这一构图上他力图使形象具有慷慨激昂的气质，从而取得了成功。

这尊珀耳修斯雕像是继米开朗琪罗的《大卫》之后意大利纪念性雕像中的又一杰出作品。切利尼成功地塑造了一个内心世界异常丰富、沉着宁静、潇洒豪迈的胜利者形象。他使高举着美杜莎头颅的珀耳修斯的姿态和手势呈现出一种从容不迫的内在威力。将底座处理成珠宝工艺似的精细形式，对被砍下头的美杜莎尸体的姿态故意进行一些复杂的安排，用以加强轮廓和造型对比程度，使珀耳修斯雕像的整体造型显得生气勃勃，洋溢着一种文艺复兴时代雕塑的特有生命力。不足之处在于空间布局有些复杂，影响了雕塑整体表现力的发挥，这与他当时未下定决心彻底摒弃风格主义艺术理念有关。

他的自传《致命的百合花》写于1558—1566年间，最早的版本于1728年出版，但在19世纪初期前，此书还不曾为意大利以外的其他国家所知。直到最近的100年，这本自传才得享盛名。

尽管作者在文中自我吹嘘，并存在不少的偏见，但该书对16世纪意大利的统治者与民众的生活方式及伦理道德的介绍，比其他书更加生动、更有说服力。切利尼的朋友与敌人来自于社会的各个阶层。他在书中迅速地、接二连三地向我们介绍一些栩栩如生的人物：小旅馆老板、妓女、音乐家、作家、商人、士兵、红衣主教与公爵。这些人物是切利尼所描写的这个世界中各个阶层的主角。他自己是一座圆雕，而他所描写的男人与女人则是浮雕或浅浮雕。

在阅读他的这本自传的时候，读者不必知晓关于16世纪意大利的历史文化背景，就能很好地了解切利尼这个人及其所叙述的惊险经历。除了他对美第奇家族的忠心，以及一些偶尔的、颇为明智的评论以外，切利尼总是回避政治，似乎政治与己无关。虽然他信笔而书，但他要写的是自己生活中的故事，而不是他所处时代的历史。虽然在他的一生中发生了频繁的政治变动。

晚年的切利尼遭到了宫廷的冷遇，他几乎完全献身于文学和理论工作，对自己的理想非常失望，悲观沮丧，这在他晚期的作品中也是有所反映的。

伽利略仍记得当时他老坐在店角落里的一张长背靠椅上，他闻到从敞开的大门吹进来的街道气味，这里早该有场大雨将街上的脏味冲洗到亚诺河里去的。当他听到他父亲柔和声音中带着的倦意，看到他褴褛上衣里无力而下垂的双肩时，伽利略感到一阵懊悔的刺痛。但很快地，他沉浸于自己的梦想中：他卖掉了他没日没夜捣鼓出来的一些小发明，带回一小袋子的金币，倾倒在母亲的膝盖上。也许，这时候母亲不会再抱怨。他会告诉她，替她自己买一件新衣，替妹妹们买几双鞋子，当然，还有替她最喜爱的、还在蹒跚学步的小儿子买一些糖梅子。

伽利略很小的时候就已经会替自己设计并制作一些小玩具，然后装上转盘和滑轮，这些小玩意很吸引人，弟妹们经常抢着拿走，甚至他父亲也称赞他的天赋。

他父亲告诉他："你该在100年前出生才是，孩子，你该是属于文艺复兴时代的儿童。在那黄金时代，一个人必须是音乐家、诗人、巧匠。他能演奏自己的曲子，能像切利尼一样雕塑自己的像，或者像达·芬奇那样调制自己的绘画。前几天有一个旅行者在米兰看到达·芬奇的《最后的晚餐》，他告诉我说，由于墙壁有些潮湿，那幅画的光彩已有些褪色。是的，上帝给了达·芬奇比一般人更多的天赋，他也的确比一般人更能接受上天的赐予，他懂机械，也懂解剖和艺术，他发明了战争机器——"

达·芬奇塑像

伽利略插嘴说："等我长大了，我会发明更伟大的东西。"

他父亲立即斥责着说："你这样夸大，我真该打你一耳光。"可是他马上又换了一副温柔的微笑面孔，拍着伽利略长着金黄色头发的脑袋说："你有很纤巧的手指，孩子，但你不必学习达·芬奇的虚荣。当然，他获得了财富与荣誉，但他有恶魔般的自负，像撒旦一样，他的自负受到惩罚。虽然法国皇帝在他临死时给了他安慰，但达·芬奇是远离我们美丽的佛罗伦萨而死去的，这是他光荣一生的最后悲剧！"

他父亲摇着头，悲叹着佛罗伦萨的儿女们客死异地的惨剧。他庆幸着自己的远房亲戚以家乡为重，从事羊毛生意，兴盛发达，并统治着托斯卡纳地区，此地虽比不上相竞争的邻城威尼斯，也胜过罗马。

他继续说道："自负和不恭不敬的好奇，使达·芬奇堕落。这并不是说，像你一样喜欢发问、喜欢怀疑是坏事。"他很快纠正说："在我年轻的时候，我也一样好疑多问，我有时甚至怀疑我的祖先和长辈的智慧。但是，一个人逐渐长大时，就会开始慢慢地懂得前辈人世世代代传下来的真理。"

伽利略突然说："爸，我长大了，我要做一个像达·芬奇一样的发明家。"

他父亲接着说道："那么，你该学习抑制你的野心——那种连达·芬奇也做不到的野心。我好像曾经告诉过你，他研究鸟类飞行，甚至敢制造一个飞行机器，是上天怜惜他，没有让他从那可怜而脆弱的东西上摔下来。像达·芬奇这样的人才，怎会有这种使人类可以飞行的想法？"

"也许，"伽利略自豪地说，"我长大以后，会做出一个飞行的机器来。”

他父亲听到这里，有些生气了。这孩子如今竟一点也不知道尊重父亲的意见。他很想刮他儿子一个耳光。

托马斯·阿奎纳

对这样的孩子该怎么处理呢？他应该好好读书，让一位有智慧的老师启蒙，引领他对学识的尊敬。为什么不把这傲慢的孩子送到瓦隆布罗萨的修道院去训练呢？那里的教士神父对亚里士多德（Aristotle，公元前384—公元前322，希腊哲学家）和托马斯·阿奎纳（Thomas Aquinas，1225—1274，意大利神学家）的学问专精，定能改正伽利略的妄想，而使他走上较好的研究学问的道路。

这个计划好像相当成功。伽利略思维敏捷，记忆力好，很快就赢得修道院老师的喜爱。他的双手不再急于活动创造，他充满渴望的脑子不再发问，他一心一意地吸取神父们摆在他眼前的经典书籍中的知识。伽利略高兴地说：“我多么幸运，生长在印刷术发明之后！在过去的时代中，古人的教诲必须写在卷轴上，只有很少的人能读到和研究。我要读尽这些前人写的书籍，如此，我可以获知世上万事万物的道理。”

伽利略对这种读书生活十分着迷，他决心要做修道院士。

他什么也不想，就只想在这瓦隆布罗萨安静的图书馆里度过这一生。或者，在这充满了松树、胡桃树芬芳空气的公园中散步，像这些树木一样，守卫在这与喧嚣世界完全隔绝的地方。

伽利略的父亲虽然也是虔诚的教徒，但对这个极有天赋的儿子却另有打算：像伽利略这样天才横溢的年轻人，一定可以很快进升到上流社会，可能成为大主教，甚至红衣主教，光耀门楣，重振家声。但他也知道，这孩子虽然现在沉浸在典籍中，静静地接受修道院的教育，他也可能突然间恢复他以前所拥有的那些狂妄野心。

他感到忧虑，这孩子会不会又想从事以前发明制造那些小玩意的活计？他会对他现在正急于汲取的知识产生怀疑吗？以他对人缺乏耐性的态度和顽固的个性，他会尽力培养政治才情以求显达吗？他会和对他极有影响力的那些教士前辈发生争执从而妨碍他的升迁吗？也许他会满足，愿意终生留在这教士学者的职位，做研究和教授的工作。

做父亲的，所盼望的老年宁静生活会是怎样的？谁来负责女儿的妆奁？谁来供给以后小儿子米盖的训练费用？米盖在音乐上的天才显然已超越了他这个做父亲的。

他指示儿子说："孩子，我不许你当教士。明天你和我回佛罗伦萨去！"

黄昏使教堂变得黯然无光，伽利略在黑暗中沉思着，他记起父亲的问答。

"可是，爸爸，假如我不做教士和终身从事研读，那我还有什么事可做？"

"我已经为你的前途考虑了很久，你常听我说给你取'伽利略’这名字的经过。我为什么给你取这么响亮的名字，你一定知道的。”他父亲严肃地继续着说，他和他同时代的人一样，十分相信占星学，“你在星象上注定是一个出色的医生。你去学医，一定会成名和富有的。”

伽利略的父亲总算为他儿子筹集了足够的钱，让他去比萨大学念医科。可是，从一开始，伽利略就反对学医。也许，这反对是根源于对父亲顽固的权威的抗议。他虽从小就显示出有一副科学的头脑，但他一直对在当时即使是最有名望的医生也使用的那种行医方法和持有的迷信观点感到厌恶。

盖伦画像

伽利略愤怒地问自己：“只是根据古代权威希波克拉底（Hippocrates，公元前460—公元前377，希腊医生，有“医药之父”之称）和盖伦（Claudius Galenus，129—199，古希腊名医及医术作家）的医术，不鼓励学生去做实验，不让他们自己去发现事实真相，这种学术课程，有什么意义?”

背景知识

希波克拉底

希波克拉底约在公元前460年出生于古希腊，被西方尊为

“医学之父”，是欧洲医学奠基人、西方医学奠基人。希波克拉底提出“体液学说”，认为人体由血液、黏液、黄胆汁和黑胆汁四种体液组成，这四种体液的不同占比使人们有不同的体质。他把疾病看作是发展着的现象，认为医师所应医治的不仅是病而是病人，从而改变了当时医学中以巫术和宗教为根据的观念。他主张在治疗上注意病人的个性特征、环境因素和生活方式对患病的影响。他重视饮食疗法，但也不忽视药物治疗，尤其注意对症治疗。他对骨骼、关节、肌肉等都很有研究。他的医学观点对以后西方医学的发展有巨大影响。希波克拉底卒于公元前377年，享年83岁。

希波克拉底雕像

希波克拉底出生于小亚细亚科斯岛的一个医生世家，祖父、父亲都是医生，母亲是接生婆。在古希腊，医生的职业是父子相传的，所以希波克拉底从小就跟随父亲学医。父母去世后，他在希腊、小亚细亚、里海沿岸及北非等地一面游历，一面行医，从而增长了知识，也接触到了不少民间医学。

那时，古希腊医学受到宗教迷信的禁锢。巫师们只会用念咒文、施魔法的方式，通过祈祷来为人治病。这自然是不会有什么疗效的，病人不仅被骗去大量钱财，而且往往因耽误病情而死去。

公元前430年，雅典发生了可怕的瘟疫，许多人突然发烧、呕吐、腹泻、抽筋，身上长满脓疮、皮肤严重溃烂。患病的人接二连三地死去。没过几日，雅典城中便随处可见来不及掩埋的尸首。对这种索命的疾病，人们避之唯恐不及，但此时希腊北边马其顿王国的一位御医，却冒着生命危险前往雅典救治。他一面调查疫情，一面探寻病因及解救方法。不久，他发现全城只有一种人没有染上瘟疫，那就是每天和火打交道的铁匠。他由此设想，或许火可以防疫，于是在全城各处燃起火堆，扑灭了瘟疫。

希波克拉底指出的癫痫病的病因被现代医学证明是正确的，他提出的这一病名，也一直沿用至今。希波克拉底对骨折病人提出的治疗方法，是合乎科学道理的。为纪念他，后人将用于牵引和其他矫形操作的臼床称为“希波克拉底臼床”。

为了抵制“神赐疾病”的谬说，希波克拉底积极探索人的肌体特征和疾病的成因，提出了著名的“体液学说”。他认为复杂的人体是由血液、黏液、黄胆、黑胆这四种体液组成的，四种体液在人体内的比例不同，形成了人的不同气质：性情急躁、动作迅猛的胆汁质；性情活跃、动作灵敏的多血质；性情沉静、动作迟缓的黏液质；性情脆弱、动作迟钝的抑郁质。人所以会得病，就是由于四种体液不平衡造成的。而体液失调又是外界因素影响的结果。所以他认为一个医生进入某个城市首先要注意这个城市的方向、土壤、气候、风向、水源、水质等自然环境，以及城市内居民的饮食习惯、生活方式等等，这些因素与人的健康和疾病有密切关系。现在看来，希波克拉底对人气质的成因的解释并不正确，但他提出的气质类型的名称及划分，却一直沿用至今。

那时，尸体解剖为宗教与习俗所禁止，希波克拉底勇敢地冲破禁令，秘密进行了人体解剖，获得了许多关于人体结构的知识。在他最著名的外科著作《头颅创伤》中，详细描绘了头颅损伤和颅裂等病例，提出了施行手术的方法。其中关于手术的记载是非常精细的，所用语言也非常确切，足以证明这是他亲身实践的经验总结。

有一次，一个病人下腹部绞痛，小便不畅，来找希波克拉底治疗。希波克拉底诊断后，对病人家属说，病人出现这种症状，是由于饮用不洁净的水导致的。这种不洁的水在尿道中逐渐凝结起来，不断地增大变硬，引起剧烈的疼痛；同时堵塞尿道，导致小便不畅。因此要饮用清洁的水。希波克拉底所说的病，就是尿道结石。他对这种病成因的解释，与近代科学的解释非常相似。

长期的医疗实践和理论研究，使希波克拉底积累了丰富的医学经验。他发现：人在40岁—60岁之间最容易发生中风；发生黄疸的时候，如果肝变硬，那么预后是不良的；人死亡前，指甲发黑，手脚发冷，嘴唇发青，耳冷且紧缩，眼睛模糊。他对垂危病人面容的具体描述，被后人称为“希波克拉底面容”。

希波克拉底的遗传学观点包括：一、遗传有物质基础，而且是以看不见的颗粒形式（“种子”）传递的。二、泛生论，即认为身体的每个部位都提供了遗传颗粒。遗传物质来自于整个肉体。三、后天获得性能够遗传。这个观点虽然常常与18—19世纪的法国博物学家拉马克联系在一起，但其实这是一个很古老的观点。在以上观点中，颗粒性遗传是正确的，而泛生论和后天获得性遗传则是错误的。后两者其实是不可分的，如果相信后天获得性颗粒能够遗传（从前的人或多或少都相信），那么只能用泛生论来解释。

此外，在他的题为《箴言》的论文集中，记录了许多关于医学和人生方面的至理名言，如“人生短促，技艺长存”“机遇诚难得，试验有风险，决断更可贵”“暴食伤身”“无故困倦是疾病的前兆”“简陋而可口的饮食比精美但不可口的饮食更有益”“寄希望于自然”等，这些经验之谈脍炙人口，至今仍给人以启示。

古代西方医生在开业时都要宣读一份有关医务道德的誓词：“我要遵守誓约，矢志不渝。对传授我医术的老师，我要像父母一样敬重。对我的儿子、老师的儿子以及我的门徒，我要悉心传授医学知识。我要竭尽全力，采取我认为有利于病人的医疗措施，不能给病人带来痛苦与危害。我不把毒药给任何人，也决不授意别人使用它。我要清清白白地行医和生活。无论进入谁家，只是为了治病，不为所欲为，不接受贿赂，不勾引异性。对看到或听到不应外传的私生活，我决不泄露。”这个医道规范的制定者就是希波克拉底。1948 年，世界医学会对这个誓言加以修改，定名为《日内瓦宣言》，后来又通过决议，把它作为国际医务道德规范。由此可见希波克拉底对后世的伟大贡献。

作为西方医学之父，希波克拉底的贡献不仅是首先制定了医生必须遵守的道德规范，而且在医学观点和医疗实践方面，都对以后西方医学的发展有巨大的影响。

解剖课程的内容一点意思都没有，只是先由一个教授照本宣科地说明器官的组织，另一教授再加以讲解，然后由几名高年级学生帮忙，教授解释一下摆在大家前面的肢体。伽利略试图尽心去听讲，但他学士服长袖下面的手指蠢蠢欲动，为什么不允许他使用这解剖刀呢？

受人尊敬的医师仍旧用捣碎的号称是独角兽的角制成的粉末来医治中毒病患。教授认真地以某些黄道带符号来解释身体器官的组成，讲述某些药草必须与这些符号配合运用。伽利略听了以后，对他们失去了信心，失去了尊敬。唯一使伽利略感到安慰的是，这里的课程当中，有一部分是他在瓦隆布罗萨时曾接触过的哲学研究。

伽利略塑像

伽利略对数学也极为感兴趣，他要求他的父亲允许他放弃那些医学课程，让他专心学习他喜欢的科目。但是他父亲极力反对。他说："为什么上天给我一个蠢物做儿子？我没有要你在家替我看店，我为你提供我自己从未享有的机会去接受最好的教育，你竟放弃，还想去研究数学！数学，不要提！这门学科没有人重视，我已经听说你的大学里根本没有一位教这门学科的教授。实际上，你的数学是站在走廊上偷听那位宫廷数学家里西替小公爵授课学来的。明天我就要去告诉那位皇家教师，让他把你从那个地方赶得远远的。"

他的父亲真的做到了。伽利略无可奈何，只有在没有老师的情况下，研究自己喜爱的科目。他逐渐放弃了医学研究。他每次在教室向医学教授要求解释一些事实时，常使这些教授感到非常烦厌。

这位年轻的学生常会这样发问：“但是，老师，你怎能证实你刚才所说的呢？”

“这必然是这样的，因为我们的书本上是这样记载着的。”这就是教授的回答。通常教授还会接着讲一段古希腊哲学家亚里士多德的权威言论来证明自己的回答是无可置疑的。

那天早上，伽利略向一位教授提出质疑：“你说这一定正确，因为亚里士多德的著作上这样写着。但是，如果亚里士多德犯了一次错误呢？”

课堂内头发斑白的教授和大多数学生对这种轻视权威或神灵的言辞都感到震惊。他们认为伽利略好像是在说，他不认为有上帝的存在，或者可说是，他在替鲜为人知的尼古拉·哥白尼（Nicolaus Copernicus，1473—1543，波兰天文学家，现代天文学的创始者）理论作辩护，哥白尼认为地球是围绕着太阳运行的。

老师怒不可遏，最后，他冷冷地说：“年轻人，除非你能谨言慎行，尊师重道，不然，我不允许你进入这教室。”

伽利略在气愤中匆匆离开。他不愿看见同学们幸灾乐祸的表情。在低着头走出教室时，他自问：“他们为什么要恨我？我要寻找真理，难道这也是错误？”

一位穿着黑色长袍的教堂司事手执一支细长的火炬，从教堂远端的石柱后慢慢地走过来。远远的，这火炬像是一颗星星，他在伸入灯碗中点燃吊灯时，吊灯犹如星光瞬间亮起，其余的吊灯在黑暗中一一被点燃。最后，这位司事走近伽利略停靠的石柱附近，他指间仍捏着一串念珠，年轻的脸庞上深印着一层悲怆沉思的表情。

突然间，伽利略向前走去。他脸上不再愁眉不展，而是展现出好奇与兴奋，眼睛中闪烁着光芒，注视着离他最近的一盏吊灯。司事在点燃它的时候，任它随从天花板上垂下的铁链摆动着。

司事继续点燃其余黑暗处的吊灯，任它们摆动着。他一点也不知道，这些动作会给他身后的这个男孩带来什么启示。

脉搏计

教堂司事拿着火炬在黑暗中缓慢地移动着，他绝没有想到，这摆动的吊灯会对伽利略产生这样重大的意义。正如意大利探险家在 15 世纪初次发现新大陆的绿色海岸一样，年轻的伽利略也不曾料想到，他生命中的一场风暴过后，就产生了他的第一个伟大的发现，由此，一个关于力学的新观点正破土而出。现在，他心中只有一个念头，他一再重复地说着：“亚里士多德错了！现在我可以证明他错了！”

伽利略眼里虽燃烧着挑战的火焰，但作为 20 岁的男孩，他也知道，要公开向亚里士多德挑战是需要很大勇气的，这勇气甚至超过了德国教士路德在攻击天主教教会时所展现的勇气。

亚里士多德，最伟大的古希腊哲学家。学者专家，无论最伟大或者是默默无闻的人，无一不承认他在人类学识中的权威地位。尤其在伽利略生活的时代，亚里士多德的学说被奉为真理，在学术界占据绝对统治地位。其世界观统治了西方世界长达两千年之久。

背景知识

亚里士多德

亚里士多德，生于公元前384年，卒于公元前322年，是世界古代史上最伟大的哲学家、科学家和教育家之一。马克思曾称亚里士多德是古希腊哲学家中最博学的人物，恩格斯称他是古代的黑格尔。

亚里士多德出生于色雷斯的斯塔基拉，父亲是马其顿国王的御医。公元前366年亚里士多德被送到雅典的柏拉图学园学习，此后二十年间亚里士多德一直住在学园，直至老师柏拉图去世。柏拉图去世后，由于学园的新首脑的学术倾向与亚里士多德颇多迥异，令亚里士多德无法忍受，于是离开了雅典。

离开学园后，亚里士多德先是接受了先前的学友赫米阿斯的邀请访问小亚细亚。赫米阿斯当时是小亚细亚沿岸的密细亚的统治者。亚里士多德在那里还娶了赫米阿斯的侄女为妻。但是在公元前344年，赫米阿斯在一次暴动中被谋杀，亚里士多德不得不离开小亚细亚，和家人一起到了米提利尼。

3年后，亚里士多德又被马其顿的国王腓力二世召唤回故乡，成为当时年仅 13 岁的亚历山大大帝的老师。当时，亚里士多德 42 岁。公元前 338 年，马其顿国王腓力二世打败了雅典、底比斯等国组成的反马其顿的联军，从此称霸希腊。次年，腓力召开全希腊会议，会议约定希腊各邦停止战争，建立永久同盟，由马其顿担任盟主。在会议上，腓力宣布，他将统帅希腊各邦联军，远征波斯。至此，马其顿实际上掌握了全希腊的军政大权，希腊各邦已经名存实亡，成为马其顿的附庸邦。

亚里士多德塑像

腓力于公元前 336 年被刺身亡。他的儿子、年仅 20 岁的亚历山大即位为王。公元前 334 年，亚历山大率领马其顿军和希腊各邦的联军出征波斯。在不到十年的时间里，他打垮了号称百万的波斯大军，接着摧毁了古老的波斯帝国。一个空前庞大的亚历山大帝国——其领土西起希腊，东到印度河，南包埃及，北抵中亚——建立起来了。公元前 323 年，亚历山大病故。这个凭着武力征服建立起来的大帝国，经过混战，分裂成了几个独立的王国。

根据古希腊著名传记作家普鲁塔克的记载，亚里士多德对这位未来的世界领袖灌输了道德、政治以及哲学的教育。亚里士多德也运用了自己的影响力，对亚历山大大帝的思想形成起了重要的作用。正是在亚里士多德的影响下，亚历山大大帝始终对科学事业十分关心，对知识十分尊重。但是，亚里士多德和亚历山大大帝的政治观点或许并不是完全相同的。前者的政治观是建立在即将衰亡的希腊城邦的基础上的，而亚历山大大帝后来建立的中央集权帝国对希腊人来说无疑是野蛮人的发明。

亚历山大大帝塑像

尽管自己的学生已经贵为国王，亚里士多德并没有一直留在国王身边，他决定回到雅典，建立自己的学园，教授哲学。公元前335年，亚里士多德回到雅典，并在那里建立了自己的学校。在这段时间里，虽然马其顿在军事和政治上控制了雅典，但那里的反马其顿的势力还是很大的。亚里士多德在雅典受到了很多的优待，除了在政治上的显赫地位以外，他还得到了亚历山大大帝和各级马其顿官僚大量的金钱、物资和土地资助。他所创办的吕克昂学园，占据阿波罗吕克昂神庙附近广大的运动场和园林地区。在学园里，有当时第一流的图书馆和动、植物园等。据说，亚历山大大帝为他的老师提供的研究费用为800金塔兰(每塔兰重合黄金60磅)。亚历山大大帝还为他的老师提供了大量的人力，他命令他的部下为亚里士多德收集动植物标本和其他资料。

亚里士多德非常重视教学方法，他反对刻板的教学方式，于是他经常带着学生在花园林荫大道上一边散步一边讨论哲理，因此后人把亚里士多德学派称为“逍遥学派”。

在此期间，亚里士多德边讲课，边撰写了多部哲学著作。亚里士多德在这期间著作颇丰，主要是关于自然、物理方面的自然科学和哲学，而使用的语言也要比柏拉图的《对话录》晦涩许多。他的作品很多都是以讲课的笔记为基础，有些甚至是他学生的课堂笔记。因此有人将亚里士多德视为西方第一位教科书作者。事实上，亚里士多德浩瀚的著作并非其一人之力所能完成。譬如，他曾对 158 种政治制度作了概述和分析，这项工作需要大量搜集整理工作，如果没有一批助手的协助，是不可能完成的。

亚历山大大帝死后，雅典人开始奋起反对马其顿的统治。由于和亚历山大大帝的关系，亚里士多德不得不因为被指控不

雅典一景

敬神而逃到加而西斯避难。他的学园则交给了狄奥弗拉斯图掌管。一年之后，即公元前322年，亚里士多德去世，终年63岁，其去世是一种多年积累的疾病所致。关于他是被毒死，或者由于无法解释潮汐现象而跳海自杀的传言是完全没有史实根据的。

亚里士多德作为柏拉图的学生，主张教育是国家的职能，学校应由国家管理。他首先提出对儿童要注意身心发展的思想，赞成雅典健美体格、和谐发展的教育理念，主张把天然素质、养成习惯、发展理性看作道德教育的三个源泉，但他反对女子教育，主张“文雅”教育，认为教育应服务于闲暇。

亚里士多德一生勤奋治学，从事的学术研究涉及逻辑学、修辞学、物理学、生物学、教育学、心理学、政治学、经济学、美学等，写下了大量的著作。他的著作是古代的百科全书，据说有400—1000部，主要有《工具论》《形而上学》《物理学》《伦理学》《政治学》《诗学》等。他的思想对人类产生了深远的影响。

作为一位伟大的、百科全书式的科学家，亚里士多德的贡献彪炳后世。但他的成就远不止于此。他还是一位真正的哲学家，几乎对哲学的每个学科都做出了贡献。他的写作涉及形而上学、心理学、经济学、神学、政治学、修辞学、教育学、诗歌、风俗，以及雅典宪法。他的研究课题之一是搜集各国的宪法，并依此进行比较研究。

在哲学方面，亚里士多德的思想对西方文化产生了深刻的影响。在此后的一千多年间，他的著作被译成拉丁文、叙利亚文、阿拉伯文、意大利文、希伯来文、德语和英语等多种语言。

亚里士多德是希腊科学的一个转折点。在他以前，科学家和哲学家都力求提出一个完整的世界体系来解释自然现象。他是最后一个提出完整世界体系的人。在他以后，许多科学家放弃提出完整体系的企图，而转入研究其他具体问题。

但是如果以现在的标准来衡量，亚里士多德的某些思想显得有些极端。例如，他赞同奴隶制及女性所受的不平等待遇，认为这是自然界的安排（当然，这些思想是他所处时代的写照）。

亚里士多德闳览博学，在他死后几百年中，没有一个人像他那样对知识有过系统考察和全面掌握。他的著作是古代的百科全书，他的思想曾经统治过全欧洲。恩格斯称他是“最博学的人”。

在亚里士多德的很多著作中，有一本是谈物理学的。伽利略一再阅读这本权威书籍，他对亚里士多德所说的“落体到达地面的速度由它的重量而定”感到怀疑。亚里士多德说，重的物体，跌落得快些，轻的物体，落下较慢。他还说，没有人向他挑战过，至少，公开的，没有人敢。但是现在，伽利略亲眼见到，教堂的吊灯说明这自诩绝无谬误的希腊人是错的。

几世纪以前，亚里士多德运用普通常识观察事物。他是个医生的儿子，对动、植物有十分浓厚的兴趣，搜集了不少从他自己的国家以及从亚细亚弄回来的有价值的动、植物标本。并且他的学生亚历山大大帝在征服新世界的军旅途中，会从远方例如印度寄回一些标本给他的老师亚里士多德。

在中古时代的西方，亚里士多德这种几无止境的搜集事实和他的著作所获得的稳固声誉，足够使世人尊称他是唯一的哲

培根画像

学家。到十七世纪很少有人能使希腊时代所奠定的知识体系更加丰富些。有几个值得提到的例外：伟大的亚伯特，多米尼克教派修行者，13 世纪时他在巴黎大学教书；还有与伽利略同时代的牛津大学的教授培根，他以对光学的研究著称。值得注意的是，他们的方法在当时虽是很激动人心的，但都只能排在传奇的魔术师之列。

现在，伽利略出现，虽然他公开宣称自己对亚里士多德的著述，诸如戏剧和政治，表示十分钦羡，但对这位哲学家的科学立论却不敢恭维。伽利略认为，在接受和运用每一个新事物之前先要证明它的真实性。伽利略这位谦虚的学生，决定为这个时代只凭权威就认定事实的作风做一次大改革。他要证明每一件他认为真理的事物，他现在就要通过吊灯这件事来证实他的观点。

他赶紧回到他的阁楼里，把门拴上，将同学们喧嚣的嘈杂声挡在外面。整夜，他思考着他所看到的。第二天一大早，他又匆忙地从一家店到另一家店，找寻他所能得到的最廉价的实验用品——两节铁链，一节已生锈但还能使用的链条，总共只花了几文小钱。即使只是这几个钱，也已经占去他父亲供给他生活津贴的大部分了。在街上另一家店里，好心的铁匠告诉他，他可以在门口堆着的一大堆废铁中任意挑拣。他很幸运地找到一个铁球，不大，但很重。另一个，只要有它的一半重就够了。

伽利略根本不考虑要去上课，他关上房门，立刻开始研究起来。他用一根铁链连接着较大的铁球，另一根牢系着小铁球。如何才能将它们像教堂中的吊灯一样挂起来呢？头顶上的粗屋椽解决了这问题。他再跑到那家打铁店，好心的铁匠仍旧让他自己去废品中挑选。这次，伽利略发现有两只铁钉，上面满是锈，而且是弯的，好奇也好心的铁匠替他用大铁锤把铁钉敲平了。

虽然很匆忙，但伽利略仍诚挚地谢过铁匠，他几乎是跑着奔回住处的。他只花了几分钟时间就将铁钉螺丝旋紧在横椽上，并且用铁链将两个不同重量的铁球悬挂上去。

伽利略将两个铁球同时推动，他屏住呼吸，看它们摆动，只见它们一会儿在左，一会儿在右，来回不停地摆动。慢慢地，它们逐渐停止下来不动了，差不多在同一时间停止了。

伽利略想，不，一次不够，一次也许只是偶然。

他再次推动那两条铁链，它们也再次在相同的时间里停了下来。他一试再试，得到的结果依然相同。

伽利略躺在床上，用颤动的手擦拭着额头上的汗珠，试图压抑住自己的激动。他又爬起来，坐在室内唯一的一张座椅上，紧靠着椅背预想一篇准备向听众演说的文稿，像一位教授向他的学生们授课一样。

他的讲稿开头是这样的："亚里士多德犯了很多错误，我现在就要驳斥他在机械学原理上的一个错误（我们的老师们重复着他的错误）。他说当两个物体落下的时候，重的一个需要时间较少。这里有两个重量不同的物体，我把它们牢系在铁链上，因此它们不会落下，正如同教堂里悬挂着的吊灯。但将这两个铁球中任何一个向空中推动的话，它便有向下跌落的趋势。假如亚里士多德是对的，则重的一个应先恢复静止。但是，诸位观众，你们看，我现在将这两个轻重不同的铁球同时推动，它仍会在同一时间恢复到它们原来的位置。”

这时，伽利略为自己的胜利感到非常兴奋，他觉得要从一个高处来做这项表演是很容易的。他不曾想到，那种非常普通的摆动可以变成用来测量时间的仪器。他感到一阵晕眩，他需要用睡眠来休息和冷静一下头脑。

伽利略觉得前额两边的太阳穴好像被一个大铁锤敲击着。一晚上不曾睡眠，不曾进食，他想着：“或许是太多的兴奋刺激才使我这样全身火热吧！”

伽利略坐了起来，将他仍有些颤抖的右手按在左手腕上，这是他在医学课上学到的，他记得他曾在一本达·芬奇的著作中读到。达·芬奇学过解剖和生理学，他知道如何使自己的人体画画得更完美。

是的，他记起来了，达·芬奇真是一个诗人。他曾将血液比作山川河海中的水流，从海里上升为云，由云变成雨而回到山林，现在他的血液涌动得像春天的山泉。然而，伽利略思量着：“在我兴奋的时候，血流里充满着的一股有规律的冲击波，像挂在教堂里的吊灯有规律的摆动一样。”

他再次推动铁链，但此刻他不再想如何应付持错误观点的亚里士多德和他的同党了。他沉醉在一个新的想法中，他琢磨着如何计算他手腕上脉搏跳动的频率。

伽利略再次逃课，跑到铁匠的废铁堆里去。此时铁匠变成了伽利略的新朋友，他虽是个没有受过教育的人，却对伽利略介绍的新发明十分感兴趣。

铁匠邀请伽利略共餐，有黑面包、汤和酸红酒。虽然伽利略面前摆放着非常美味的餐饮，但是此时他却没有一点食欲。虽然他在家一向以食量大而有名，家里的简朴饭菜常不够他吃饱，但此刻他实在太激动了，他连一点东西也吃不下。

伽利略说："目前，人们是用猜来测量脉搏的跳动频率。如果医生有一只钟表，测量结果就会大不相同了。"

铁匠喃喃地说道："我听说法国国王有一套镶有钻石的计时器。"

"是的，是的。"伽利略急着说，"听说有一位德国王子最近到罗马来，送了一架给教皇。但是，最有钱的医生也难与国王和教皇相比，医生一定会喜欢我将要替他们做的这个小仪器。来，我画给你看。"他一面说，一面用手指蘸着酒，在桌面上画下一个轮廓，"这不过是一个简单的摆动体，在一条丝线上绑着一个小重锤，但它可以准确地测出单位时间里脉搏跳动的次数。"

"是啊，每一个医生都会用到它。"铁匠预言说，"你可以将它出售，你可以发财。"铁匠憨笑着，继续说道："你去买一双新鞋，把你这露在外的脚趾头遮掩起来，然后你就可以支付给我一点这些破铜烂铁的钱了。你一定会成为一个大医生，我从没有见过像你这么头脑好的人。假如我生病了，你一定要来看我，不要收我的医药费。你说的这个小玩意，但愿我有幸能亲眼看到它的发明。"

比萨的医师们对伽利略的发明一致表示敬佩，很多医师很快就用脉搏计来测量病人的脉搏。但伽利略并没有完成他的医科教育，他自己没有机会来证明这项发明的实用价值。

奔波于贵族之间

由于伽利略太穷困，因此没有办法继续念医科，他也没有收到一点来自于他发明的脉搏计的报酬。他的父亲对他无心工作的状况感到厌恶，因此拒绝再支持伽利略的教育。而伽利略本人，却很高兴此后不必再学习自己不喜欢学的东西，不必进入他看不起的行业。他对这所大学已愈来愈感到不悦和厌烦。他对亚里士多德的驳斥曾引起讪笑，虽非真的引起仇恨。另一方面，伽利略也担忧，如果继续留在佛罗伦萨，那么，生活问题又该如何解决呢？

他尝试在自家店铺里研读，有时，他也外出贩卖一些自己制作的小发明物。他父亲称那些东西为“小玩具”，认为那些都是不值得一个受过大学教育的人去做的。他将喜爱的欧几里得（Euclid，古希腊数学家，大约生于公元前3世纪，被称为几何学之父）的书搁在毛织物货品袋上或锦缎包上阅读，在读得高兴时，笔管会被他紧握得破裂，有时，他会在书的空白处写下他的批注。但是，每当他细心计算，或者正构思一个文句的时候，老是会听到妈妈尖锐的呼叫声，打破了他专注的沉静。

背景知识

欧几里得

公元前3世纪中叶，埃及国王托勒密一世问一位数学家："有没有不学习《几何原本》即可掌握几何学的捷径?"数学家断言回答："世界上没有通向几何的平易之路。"这位数学专家就是《几何原本》的作者、古希腊大名鼎鼎的数学家欧几里得。

欧几里得画像

欧几里得（公元前325—公元前265），是古希腊著名数学家，欧氏几何学的开创者，亚历山大学派前期的三大数学家之一。欧几里得生于雅典，当时雅典就是古希腊文明的中心。浓郁的文化气氛深深地感染了欧几里得，当他还是个十几岁的少年时，就迫不及待地想进入柏拉图学园学习。

一天，一群年轻人来到位于雅典城郊外林荫中的柏拉图学园。只见学园的大门紧闭着，门口挂着一块木牌，上面写着："不懂数学者，不得入内!"这是当年柏拉图亲自立下的规矩，为的是让学生们知道他对数学的重视，然而却把前来求教的年轻人给闹糊涂了。有人在想，正是因为我不懂数学，才要来这儿求教的呀，如果懂了，还来这儿做什么？正在人们面面相觑，不知是进、是退的时候，欧几里得从人群中走了出来，只见他整了整衣冠，看了看那块牌子，然后果断地推开了学园大门，头也没有回地走了进去。

柏拉图学园是柏拉图40岁时创办的一所以讲授数学为主的学校。在学园里，师生之间的教学完全通过对话的形式进行，因此要求学生具有高度的抽象思维能力。数学，尤其是几何学，所涉及的对象就是普遍而抽象的东西。它们同生活中的事物有关，但是研究对象又并非是这些具体的事物，因此学习几何被认为是寻求真理的最有效途径。柏拉图甚至声称："上帝就是几何学家。"这一观点不仅成为学园的主导思想，而且也为越来越多的希腊民众所接受。人们都逐渐地喜欢上了数学，欧几里得也不例外。他在进入学园之后，便全身心地沉潜在数学王国里。

柏拉图画像

他潜心求索，以继承柏拉图的学术为奋斗目标，除此之外，他哪儿也不去，什么也不干。他翻阅和研究了柏拉图的所有著作和手稿。经过对柏拉图思想的深入探究，他得出结论：图形是神绘制的，所有一切抽象的逻辑规律都体现在图形之中，因此，对智慧的训练，就应该从几何学开始。他确实领悟到了柏拉图思想的要旨，并开始沿着柏拉图当年走过的道路，把几何学的研究作为自己研究的主要任务，并最终取得了世人敬仰的成就。

最早的几何学兴起于公元前7世纪的古埃及，后经古希腊数学家泰勒斯等人传到古希腊的米利都城。在欧几里得以前，人们已经积累了许多几何学的知识，然而这些知识当中，存在一个很大的缺点和不足，就是缺乏系统性：大多数是片断、零碎的知识，公理与公理之间、证明与证明之间并没有什么很强的联系性，更不要说对公式和定理进行严格的逻辑论证和说明。因此，随着社会经济的繁荣和发展，特别是随着农林畜牧业的发展、土地开发和利用的增多，把这些几何学知识加以条理化和系统化，成为一整套可以自圆其说、前后贯通的知识体系已经刻不容缓，是科学进步的大势所趋。欧几里得通过早期对柏拉图数学思想尤其是其几何学理论系统而周详的研究，已敏锐地察觉到了几何学理论的发展趋势。他下定决心，要在有生之年完成这一项工作。

为了完成这一重任，欧几里得不辞辛苦，长途跋涉，从爱琴海边的雅典古城，来到尼罗河流域的埃及新埠——亚历山大城，为的就是在这座新兴的但文化蕴藏丰富的异域城市实现自己的初衷。在这里的无数个日日夜夜里，他一边收集以往的数学专著和手稿，向有关学者请教，一边试着著书立说，阐明自己对几何学的理解。经过忘我的劳动，欧几里得终于在公元前300年结出丰硕的果实，这就是几经易稿而最终定形的《几何原本》一书。这是一部传世之作，不仅第一次实现了几何学的系统化、条理化，而且又孕育出一个全新的研究领域——欧几里得几何学，简称“欧氏几何学”。

《几何原本》采用了前所未有的独特编写方式，先提出公理、公设定义，然后由简到繁证明一系列定理。这本书内容丰富，结构严谨，文字洗练，概念清晰，判断准确，推理周密，论证有力。英国的数学家罗素在《西方哲学史》中对这本书是这样评价的：欧几里得的《几何原本》毫无疑义是古往今来最伟大的著作之一，是希腊理智最完美的纪念碑之一。

欧几里得，这位受希腊古典文化哺育滋养的学者，运用惊人的才智，成功树立了数学演绎体系的最初典范，把数学引入了一个崭新的领域，迈上了新的台阶。他的贡献就像太阳一样光辉灿烂。

“如果你除了鬼画符外，没事可做的话，不如去帮你累坏了的姊妹们，从井边提几桶水回来呀！”妈妈这样命令着。

再回来研读的时候，爸爸正好参加完一个羊毛业会议回到家来了，伽利略又得恭敬地聆听年老体衰的爸爸的训话。

“事实上，我们虽不是什么艺术家、音乐家或者是学者，但是我们这个行业却很受重视，你有一天终会走进这个行业的，不必感到羞耻或遗憾。你该尽力帮助我，并且学习做生意，我死后，你就要继承这项工作。上帝会宽恕我的，我把你拿来做你弟弟米盖的模范。他对吹笛很有脑筋，有一天他会以他的音乐才能谋生。但是，你有天赋却懒惰，你已是成人啦，还指望年老的父亲来养活你？”

自中古时代以来，欧洲学者多半都是修士或各宗教派系会员，不然就是由教堂所资助的学生。到了16世纪，学者中如作家、艺术家却都有赖富有的人支援。伽利略受到父亲的责备后，便携带着数学家里西的介绍函，和几位有学识声誉并曾认为伽利略会大有可为、很有前途的知名人士的推荐函件，开始奔走于佛罗伦萨各豪门之间。无疑，有些爱好学问的王子、公爵看到这些介绍函件后会乐意给予援助。也许，有些高贵显要人士，看在伽利略祖先为桑梓贡献的分上，也愿意提携这位落魄的年轻人一把。

他学会对看守那些高大铁门的司事说些好话，让他有机会进门。有时他也许需要费一番唇舌，好像对群众演讲一样："且停一会儿，只需几分钟，先生！"对付这些巨宅大厦的看管人，有时他会一路甜言蜜语顺利地闯关，最终见到想要见到的大人物。

如果这权贵人士以礼相待，伽利略会尽心讲解他的新发明的价值所在，或热情洋溢地解释他的脉搏计的特点，或者展示他的水表。他会说："这两样东西都很有实用价值，王子阁下。但是我却没有得到分文的报酬！我相信，您高贵的宫廷数学家里西已经告诉过阁下您，您现在可以过目一下我的流体力学公式，这是根据阿基米德定律推演而来的——当然，阁下一定记得当时

阿基米德画像

那位国王无法决定他皇冠中金子的比重。”

这时，这高贵的主人心中可能正在回味着今早的打猎或者是计划着今晚的化装舞会。他斜躺在大椅上，点头表示嘉许，眼睛闭着思索着。

但伽利略会不遗余力地继续说道：“我原可以不必打扰阁下的视听，仔细解释这淹在水中的物体挤去同体积水量的相对重量。但如果您允许我示范这一方法，我发明的这种测量合金成分比例……”

在这位发明家的匆匆解说过程中，主人也许伸个懒腰，打个哈欠，宣称他没有时间听一个觅职人的诉愿。他会叫他的秘书给他一份公文书，或者叫秘书写下一封重要函件。

有一次，一位宫廷大臣向他主人建议邀请这位有为的年轻人来参加晚宴。伽利略便向一位表亲借了一件很不错的缎绒外衣、一顶新羽毛饰帽，参加这场设在能俯视佛罗伦萨全城的山庄府邸中的晚宴。伽利略梦想着有奇迹出现，他会坐在高贵的主人身旁，为他再讲解他的发明，但那荣耀的席位却被托斯卡纳大公爵的私生子兄弟美第奇占有了。王子和很多当时绅士圈里的人一样，热衷机械学。当天晚上他大吹特吹他的一台几近完工的机器，说用这台机器可以清除污泥。

伽利略悲哀地想着，那人如果坐在自己现在坐的地方，没有一个人会听到他在说什么。陪坐在末席位置，就是有心想要让人听到自己讲的话，别人也听不清楚。

伽利略无意中注意到宴厅里侧食物台桌布上闪烁着的装饰，大大小小的金叶银叶装点在一个少女的裙缘上。伽利略暂时忘记了他的愤怒，心中默想着，这真是天才的设计，就好像是一世纪以前法国宫廷中切利尼大师的创作。转瞬间，他又回到现实，满腔愤恨。为什么会让这样一个不学无术的家伙坐在首席？就因为他父亲是这个省城的首长？而伽利略，还在青少年时代就已颇有成就，却被人们遗忘而安排在这长桌的末位，只能听到一些吃吃傻笑的女侍们的声音。

伽利略和他父亲一样，对祖先的声誉和成就深感光荣。高贵的族系遗传使这一辈的族人力争上游，希望在新世界里有所建树。伽利略是如此年轻，大学生活虽不如意，但他自信自己是这一新时代上流社会中的知识分子，现在因为家境较差而被趋炎附势的人们忽视，心中感到太不公平了。

一位年轻的侍者走过来向他打招呼，他发现伽利略的衣服和帽子都不合身，显然是借来的，即刻又转身向桌边的另一位贵夫人献殷勤去了。

伽利略预想到晚宴的丰盛，绝不是家里母亲做的粗茶淡饭所能比的。家里的通心粉和简单的蔬菜怎能和这里讲究的沙拉和松鸡乳鸽相比呢？他吃厌了母亲的拿手好菜姜汁蛋，但是他也知道为何他不能抱怨，除了节日外，不可能有其他肉类食物上桌。今晚，即便有细嫩香脆的烤羊肉和其他美味佳肴，但是每一道菜他都无法下咽。即使是银盘中堆得满满的大颗粒紫葡萄，在伽利略面前也失去了它的诱惑力。

当首座客人开始起身离桌去玩牌和听音乐的时候，伽利略便拉紧了大衣，匆匆走下大理石台阶。

在台阶中途，他停顿片刻，看着下面沉浸在一片月色中的城市——可爱的佛罗伦萨，他祖先的家园。祖先们在此聚积财富、声誉，建立城池。他隐约见到圣十字大教堂，那里面是他祖先们相伴长眠的地方，马基雅维里的陵寝就在这里。米开朗琪罗的遗体靠近着神坛，他的葬礼，隆重胜过国王。

米开朗琪罗画像

但米开朗琪罗也遭受过挫折与失败。在他漫长的一生中，这位佛罗伦萨雕刻家上过天堂，也下过地狱。在罗马，他铸造了《摩西》，人们称赞他的艺术造诣超越了希腊人的水平。他光荣的《创世纪》，悲怆的《最后审判》，无一不是不朽巨作。在圣彼得大教堂中，更有为城里每一个公民引以为荣的雕像——《哀悼基督》。面对这些庄严巨作，再具有权威的帝王也会为之垂首，然而当年，米开朗琪罗却曾仰息王公主教们，依靠他们的施舍为生。

伽利略在一个狭窄的街口再次驻足。人民仍旧能指出，三百年前但丁在被放逐之前，曾坐在这儿的一块大石头上沉思过。附近一所酒店传来酒醉的笑声和嬉戏的歌声。伽利略坐在但丁曾坐过的地方歇息，心里默想着自己的生命会不会和但丁一样坎坷。

从小生长在佛罗伦萨，伽利略一直认为，吟唱天堂和地狱的歌者是最伟大的诗人。他曾读过但丁的《地狱》，他几乎能了解他所描述的每一个地方的地理人文景观。伽利略的记忆力很好，他能背出但丁《神曲》里的很多章节。现在，坐在这柔和的月光下，想起自己的失意和但丁当初在宫廷中受到的屈辱，他开始用乡音吟唱他的诗句——

是啊，你会知道的，
吃人家赐你的食物有多咸，
上下人家的阶梯有多陡峭。

伽利略沮丧地思量着，明天，一切会重新再来的。他要再吃父亲所能供给他的可怜食物，要听母亲埋怨儿子的不中用。他要再去攀爬另一家宫殿陡峭的台阶，忍受轻视的接待。伽利略用双手将头支撑在膝盖上，月光下可以看到他泪流满颊。

背景知识

但　丁

阿利盖利·但丁于1265年出生于意大利，死于1321年，是伟大的意大利诗人，被恩格斯誉为“中世纪的最后一位诗人，同时又是新时代最初的一位诗人”。但丁是现代意大利语的奠基者，欧洲文艺复兴时代的开拓人物之一，以长诗《神曲》留名于后世。

但丁雕像

但丁出生在意大利的佛罗伦萨一个没落的贵族家庭。他5岁时生母去世，父亲续弦，后母后来生了两个弟弟、一个妹妹。

巴黎一景

有关但丁的生平记录很少，但写他的人很多，有许多并不可靠。他可能并没有受过正式教育（也有人说他在博洛尼亚及巴黎等地念过书），而是从许多有名的朋友兼教师那里学习不少东西，包括拉丁语、普罗旺斯语和音乐。他年轻时可能做过骑士，参加过几次战争，33岁时结婚，他妻子为他生了6个孩子，只有4个（3男1女）存活。

在当时那个年代，佛罗伦萨政界分为两派，一派是效忠神圣罗马帝国皇帝的齐伯林派，另一派是效忠教皇的盖尔非派。1266年后，由于教皇势力强盛，盖尔非派取得胜利，将齐伯林派放逐。盖尔非派掌权后，1294年当选的教皇卜尼法斯八世想控制佛罗伦萨，一部分富裕市民希望城市独立，不愿意受制于教皇，分化成“白党”，另一部分没落户，希望借助教皇的势力翻身，成为“黑党”。两派重新争斗，但丁的家族原来属于盖尔非派，不过但丁热烈主张独立自由，因此成为白党的中坚，并被选为最高权力机关执行委员会的六位委员之一。

1301年教皇特派法国国王的兄弟瓦卢瓦的卡罗去佛罗伦萨

“调节和平”，白党怀疑此行另有目的，派出以但丁为团长的代表团去说服教皇收回成命，但没有结果。果然卡罗到佛罗伦萨后立即组织黑党屠杀反对派，控制佛罗伦萨，并宣布放逐但丁，一旦他回城，任何佛罗伦萨士兵都可以处决烧死他，从此但丁再也没有能回到家乡。

1308 年卢森堡的亨利七世当选为神圣罗马帝国皇帝，预备入侵佛罗伦萨，但丁给他写信，指点需要进攻的地点，因此白党也开始痛恨但丁。1313 年亨利去世，但丁的希望落空。

1315 年，佛罗伦萨被军人掌权，宣布如果但丁肯付罚金，并于头上撒灰，颈下挂刀，游街一周就可免罪返国。但丁回信说：“这种方法不是我返国的路！要是损害了我但丁的名誉，那么我决不再踏上佛罗伦萨的土地！难道我在别处就不能享受日月星辰的光明吗？难道我不向佛罗伦萨市民卑躬屈膝，我就不能接触宝贵的真理吗？可以确定的是，我不愁没有面包吃！”

但丁在被放逐时，曾在几个意大利城市居住，还有人记载他曾去过巴黎。他以著作排遣其乡愁，并将一生中的恩人、仇人都写入他的名作《神曲》中，对教皇揶揄嘲笑，他将自己一生单相思的恋人，一个叫贝雅特丽齐的、25 岁就去世的美女，安排到天堂的最高境界。

但丁于 1321 年客死他乡，在意大利东北部拉韦纳去世。

但丁一生著作甚丰，其中最有价值的无疑是《神曲》。这部作品通过作者与地狱、炼狱及天国中各种著名人物的对话，反映出欧洲中古文化领域的成就和一些重大的问题，带有“百科全书”性质，从中也可隐约窥见文艺复兴时期人文主义思想的曙光。在这部长达一万四千余行的史诗中，但丁坚决反对中世纪的蒙昧主义，表达了执着追求真理的思想，对欧洲后世的诗歌创作有极其深远的影响。

除《神曲》外，但丁还写了《新生》《论俗语》《飨宴》及《诗集》等著作。《新生》中包括31首抒情诗，主要抒发对贝雅特丽齐的眷恋之情，质朴清丽，优美动人，在“温柔的新体”这一诗派的诗歌中，它达到了最高的成就。

但丁的作品基本上是以意大利托斯卡纳方言写成的，他对形成以托斯卡纳方言为基础的现代意大利语起了相当大的作用，因为除了拉丁语作品外，古代意大利只有但丁是最早使用活的语言写作，他的作品对意大利文学语言的形成起了相当大作用，因此，但丁可谓是文艺复兴运动的先行者。

但丁生活在14世纪的意大利（但是当时的意大利还是一个笼统的概念，是由很多城邦国、公国、侯国还有教皇国等组成

今日罗马一景

的），那个时候还是中世纪（所谓中世纪就是欧洲从西罗马帝国灭亡以后的封建社会到资本主义萌芽产生的阶段），意大利因为地处地中海，交通便利，海运经济特别发达，因此就产生了资本主义萌芽思想，同时期文艺复兴运动拉开帷幕。但丁是第一个采用“文艺复兴”主义的作家。他的《神曲》里面有很多人文主义的精神，比如，肯定人、肯定人性。但是由于之前几个世纪欧洲一直处于神学统治之下，神学观念还比较根深蒂固，所以，《神曲》里面也有很多中世纪神学方面的因素，比如，采用神学的神话题材、采用中世纪神学的写作方法等等。从他以后，文艺复兴运动蓬勃开展起来，并且蔓延到欧洲其他国家。因此，恩格斯评价说：“封建的中世纪的终结和现代资本主义纪元的开端，是以一位大人物为标志的，这位人物就是意大利人但丁，他是中世纪的最后一位诗人，同时又是新时代的最初一位诗人。”

第二篇　美好人生的开始

当我历数了人类在艺术和文学上的那许多神奇的创造，然后再回顾一下我的知识，我觉得自己简直是浅陋之极。

——伽利略

跻身杏坛

经过几天来的失望与思量，伽利略宣称他要到别处去寻找幸福。

他对父母说："我既然无法获得佛罗伦萨王公大人的慈悲，我决心在整个意大利旅行，我要在学者荟萃的城市逗留，将我研究进步的成果展示给他们看。凭借上帝的帮助，说服他们推荐我获得支援。"

他父亲疲倦的目光中闪烁着一丝好奇和兴趣，他记起当他年轻的时候，也曾梦想到远方陌生的地方去探险，但他却从不曾想过要超越故乡的边界。他问:“你要到哪里去呢?”

伽利略还没有计划好旅程，不过，此刻他轻快地回答说:“我将访问规模宏大的意大利各大学——博洛尼亚、帕多瓦，当然，还有罗马。我已经读过有名的耶稣会学者克勒菲的一些著作，他在罗马大学教数学，我盼望和他谈谈。”

罗马大学一景

他父亲打趣他说:“我猜想这位高僧会请你前去看他的，可惜我们没法替你买一套新衣服以壮行色。你沿途的生活又将怎么办呢?”

伽利略轻松地回答:“像很多穷学生一样的做法。住宿嘛，疲倦的人，屋檐下、稻草上就可以睡得着。饮料嘛，路边溪流有的是水。面包嘛，……”他笑了，“在比萨的时候，我听到一个故事，有一个学生从荷兰到巴黎上大学，一路上行乞充饥。他没有别的东西吃，就只有面包屑，有些却硬得嚼不烂，为了提起精神，他依照他得到的面包屑的不同新鲜度，用拉丁文作了一篇很长的学术文章，并一路上朗诵不休。”

他母亲听了有些不悦，说道：“在你回来坐在基督餐桌边以前，就快乐地吃些发霉的面包屑吧。至少，我会给你一包面包和干酪，够你在旅途上啃几天的。”

几个月以后，伽利略回家来了。他的脚酸痛，饿得像他妈妈所预言的那样。经过风吹日晒，他的皮肤黑了，身体却更坚实了，心情上也显得更充实些，还带回了对罗马的宝贵回忆。这是他在 1587 年间的第一次罗马之行。

他在罗马见过克勒菲神父，神父对伽利略这位年轻科学家的写作和发明十分欣赏。这位耶稣会教授已光荣地被大主教委以修改年历的重任。伽利略能得到克勒菲神父的赞赏，实在是对他多年来的委屈和失意的莫大安慰。

但当伽利略回到佛罗伦萨，仍对前途存有疑虑的时候，宫廷数学家里西给他带来了好消息。原来，不只里西，另外还有几位有名望的佛罗伦萨学者，对伽利略的科学论文和流体静力学分析十分赞赏。比萨大学并没有设数学教授席，但这几位名流已建议托斯卡纳大公爵设立一个教授席位，并聘请伽利略担任这个职位。

伽利略的父亲听到他儿子担任教授的年薪后，说道：“你是所有教授中待遇最差的一个。”

他母亲的声音一向是又高又尖，她抱怨着说：“那么你怎样才可以还清我们多年来送你上学的费用？你到比萨时，一定很快就将小米盖还不能自立的事忘记了，也不会想起你几个妹妹都已到结婚年龄。以我们的家世，她们绝不能嫁到默默无名的家庭里去，而有名望的人家却又都很重视妆奁。”

伽利略大胆地答应说："到时我会为她们准备嫁妆的。"

他父亲接着问："从你的薪金里开支？"

"也许我能够卖掉我的下一个发明，我还可以兼家教，我知道有很多教授都这样做。"伽利略答道。

母亲仍一面嘀咕着，一面替他准备简单的行李。

伽利略笑着对妈妈说："很幸运，我不需花钱买什么好衣服，我的教授袍可以掩盖住一切破烂。我也不需大吃大喝，我已习惯了面包和廉价酒。晚上需要些娱乐，我可以吹笛子，或者继续我的研究。你看，爸，现在我已有自信，我的实验，我以前告诉过你的那些物体重量……"

他父亲抢着说："你如果会想，你该多把你的自由时间用在学生身上，多赚一点钱。"

比萨大学的学生，一向的传统习惯是自由选择教授作为单独的家庭教师。伽利略很快就发现他要成为一名家教太缺乏名气。他原先计划能多担任几个家教以便多赚几文钱，但事与愿违。当时书籍很少，学生读书大多依赖教授讲解。伽利略缺乏讲台经验，他的演讲并不出色，所以未能赢得学生的礼聘，成为他们课堂以外的私人家教。

有些学生反对伽利略也许是由于他的个性。伽利略对聪慧、有天分的学生会立刻变得很亲切。他是一个很有同情心的老师，常不厌其烦地解释难题，甚至可以把自己的事情抛置一边，以便和学生研究他们的新奇观点。他对少数意气相投的学生会十分纵容溺爱。他会忘记他自己的尊荣和他们一起饮闹欢唱，交谈一些不十分庄重的故事笑话。

比萨大学大多数的学生和世界其他各地的大学生一样，是一群喜爱喧闹粗暴的大孩子。他们的野性使他们成为一种特权分子，而大学则成为社会上有特权的社团，当地警察对他们也无可奈何。这是一种很严重的现象，孩子们的颐指气使变成恶性的无法无天。幸运的是，伽利略的名誉和身份并没有牵涉到当地任何的丑闻里去。

这个年轻教授虽能容忍学生的喧嚣，但对迟钝的和接受新观念较缓的学生却难以忍受。资质较差的学生们因为这位比他们大不了几岁的老师的辛辣非难变得阴沉不乐。而伽利略的大学教育并未完成，又在没有得到什么学位背景的情况下就当上了教授，也让其他很多有名的教授不服气。

伽利略重回比萨的时候，教职员对他的欢迎并不热烈。很多人甚至反对让没有学位的人当教授。他还很年轻，只有 25 岁，他的新观念惹恼了较老一辈和较保守的学者教授们，他们认为伽利略尽可缓慢一点地表达他那些观念。比伽利略年纪大一点的教授们差不多全是亚里士多德和古哲先贤的忠实信徒，他们已习惯于熟悉的旧路。他们讨厌伽利略那破除原有观点的论调，尤其是他发表那些观念时的挑衅态度。

一位年龄最大的老教授有一次向校长控诉："如果他一定要把原有思想打破，也需要把我们通通集合起来看着他把原有思想摔碎在地上吗?"

满头银发的校长安慰老教授说："他年轻、愚笨，有着年轻人的傲慢，我会警告他做事要谨慎些的。"

但是，校长的斥责正是伽利略需要的催化剂！

可疑的胜利

一天晚上，在大家饮酒聊天的时候，伽利略告诉他那些几乎都十分年轻的朋友们说：“我正要把真理告诉这些年老昏聩的人，我已等得太久了。最顽固的人看到我这两个配有重铁的实验后也该信服，但他们却斥责我在玩魔术、耍手法蒙混他们。”

他的一位忠诚的学生向他提议说：“但是，老师，你记得，你进行这项实验时，用的是一个斜面，然后叫我们好几个人滚动那几个同重量的木球，你解释说这是模拟教堂灯摆和自由落体的折中实验法……”伽利略突然站立起来，用力敲打满是酒污的桌面。

“我有了！明天——不，后天——不，一个礼拜后的今天最适合。我有足够的时间先私下试验，然后再找人见证。我要邀请全校人员、教职员、学生，还有全体比萨公民来看，我从比萨斜塔顶上丢下我的铁球，大家都可以看到这两个铁球会同时到达地面。”

有个学生，一面喝酒，表现出并不像平日一样敬重他老师的模样，一面说：“假如这两个铁球，当中有一个打在我这不幸的脑袋上呢?”

伽利略冷酷地回答：“可能会从你的脑袋里撞出一些知识

来。好了，现在你们全回去！今天晚上我讲的话，不要讲出去，等你们接到我的通知后再说，我会把通知张贴在中央讲演大厅布告栏，你们可邀请你们的朋友来参加，届时我会邀请各教授也来。”

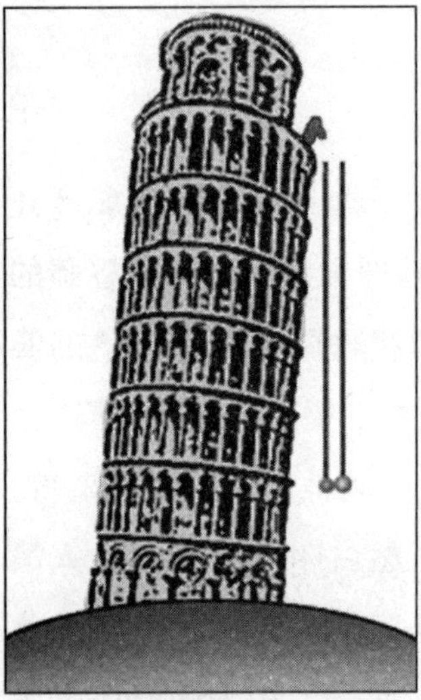

两个铁球同时落地的实验

一个礼拜以后，在大钟敲响12下前，伽利略进入公共广场，满怀兴奋，不时停下来，用他那双漂亮的眼睛注视着眼前三幢卓然不凡的建筑物：大教堂，它的纯白颜色有如山上的积雪；圆形的比萨洗礼堂；斜塔，虽显得有些不稳，但它仍屹立在稳固的大理石基础上。

比萨斜塔底下站着一大群学生，他们高声谈笑，好像是来看赛鸡表演似的，而不是观摩一次庄严的科学实验演示。当然，校长和一些年长资深的教授，怕降低身份，并没有来参观。伽利略从人群中瞥见几位教授，有些带着一种藐视的神情，有些似乎是感到厌烦，还有修士在场。

“真妙！”伽利略想，“有些是耶稣会的出色科学家，只要他们能给我实验的胜利成果做个见证就可以了。”

不久，实验开始了，出乎人们意外的是，这两个质量不相等的铁球同时落地。

“滴漏针是假不了的。”有人说。

“是呀，但是说不定里头有什么欺诈……”也有人说。

伽利略从塔上走到地面时，群众已向四方散开。有些人围着一个小女孩，她提起她褴褛的裙子，高及膝盖，又唱又跳，希望能赢得围观人丢几个小钱给她。干瘪的老妇人，扯紧了头巾，走向大教堂，当中有一位抱怨说："站了半天，腿都酸了，却什么也没有看到！"伽利略没有看到还有别的教授在场，他们没有向他庆贺便走了。他们是害怕伽利略的胜利会加深对他们的恨意。他们迟疑着该不该支持他。

但那两个计时的学生却仍站立在那里等着和他握手。

年纪较轻的一位学生曾在宫廷里学过仪态礼仪。他说："老师，我深感光荣，能成为第一个为你效劳、看到你胜利的人。"

"我胜利了吗？或者，我是失败了吗？"伽利略心中默想着，一面微笑着道谢。

比萨大教堂

背景知识

比萨斜塔

比萨斜塔始建于1173年，塔高（从地基到塔顶）近60米。设计为垂直建造，但是在工程开始后不久（1178年）便由于地基不均匀和土层松软而倾斜，于1372年完工，塔身倾斜向东南侧。

比萨斜塔位于意大利托斯卡纳省比萨城北面的奇迹广场上。广场的大片草坪上散布着一组宗教建筑，它们是大教堂（建造于1063年—13世纪）、洗礼堂（建造于1153年—14世纪）、钟楼（即比萨斜塔）和墓园（建造于1174年），它们的外墙面均为乳白色大理石砌成，各自相对独立但又形成统一的罗马式建筑风格。比萨斜塔位于比萨大教堂的后面。修建斜塔时，它在整个广场的设计规划中只是大教堂的一座钟楼，确切地说，斜塔只是个“配角”。但800多年来斜而不倒的传奇使斜塔以其独有的斜劲“喧宾夺主”。

美丽的比萨斜塔

比萨斜塔由著名建筑师纳诺·皮萨诺主持修

建，是比萨城的标志。开始时，塔高设计为100米左右，但是到1178年，当钟楼兴建到第4层时，施工人员发现由于地基不均匀和土层松软导致钟楼已经倾斜偏向东南方，工程因此暂停。文献中有1198年钟楼内摆放着撞钟的记载，这意味着这座钟楼虽然倾斜，但至少具备撞钟功能，实现了它作为钟楼的设计初衷。

1231年，工程继续。这一年，文献第一次有记载钟楼使用了大理石。建造者采取各种措施修正倾斜态势，在往上搭建的过程中，刻意将钟楼向相反方向倾斜建造，以便补偿已经发生的重心偏离。1278年进展到第7层的时候，塔身不再呈直线，而成为凹形，工程再次暂停。

1292年，乔凡尼·皮萨诺用铅垂线测量了钟楼的倾斜度。

1360年，在停滞了差不多一个世纪后，钟楼向完工的目标开始了最后一次冲刺，并做了最后一次重要的修正。1372年摆放钟的顶层完工。约54米高的8层钟楼共有7口钟，但是由于钟楼时刻都有倒塌的危险，设在其中的钟没有撞响过。

比萨斜塔是比萨城的标志。1987年，它和相邻的大教堂、洗礼堂、墓园一起，因对11—14世纪意大利建筑艺术的巨大影响，而被联合国教育、科学及文化组织评选为世界遗产。

1990年，意大利政府将其关闭，开始进行整修。比萨斜塔修复工程耗资约合2500万美元，基本上达到预期效果。专家认为，经过修复的比萨斜塔，只要不出现不可抗拒的自然因素，300年内不会倒塌。每年5月至8月间，比萨斜塔晚上也向游人开放。届时，游人登上灯火通明的斜塔顶层，可一睹夜幕下的比萨古城和奇迹广场的美景。而斜塔本身也在夜幕和灯火中显出迷人的神秘色彩。

比萨斜塔的塔体由8个层面组成，在直径16米的塔体中心有可以上下的螺旋形台阶约300级。人们通过台阶可以直接登到塔顶。每个层面周围是用大理石雕塑的柱廊，以前人们可以在每层柱廊间绕塔一周，但是现在为了游人的安全，登塔者一律不准走塔体的外圈，从底层到第7层全是走塔体内的台阶。走这段路时，人们几乎看不到外边的景色，因此对塔体的倾斜感受不深。但是，当游人到了第7层与第8层之间时，情况就大不一样了。由于塔体自北向南倾斜5.5度，第7层与底层相比，已经倾斜了四五米。而且，从第7层往第8层攀登时，空间是开放的，人在露天中行走，虽有护栏保护，但由于塔体斜度加大，游人站在上面总觉得自己的身体也是斜的，有摇摇欲坠的感觉。有些游人的腿开始发软，眼睛根本不敢往下看，仿佛下面就是万丈深渊。

根据现有的文字记载，它几个世纪以来的倾斜是缓慢的，它和它地基下方的土层实际上达到了某种程度上的平衡。在建造的第一阶段，第3层结束时，钟塔向北倾斜约0.25度。在第二阶段，由于纠偏过度，1278年第7层完成时反而向南倾斜约0.6度。1360年建造顶层钟房时增加到1.6度。1817年，两位英国学者克雷西和泰勒用铅垂线测量倾斜，那时的结果是5度。1550年乔尔乔·瓦萨里的勘测与1817年克雷西和泰勒的勘测之间相隔267年，倾斜仅增加了5厘米。因此人们也没有对斜塔进行特意的维修。

然而1838年的一次工程导致了比萨斜塔突然加速倾斜，人们不得不采取紧急维护措施。当时建筑师亚历桑德罗·德拉·格拉德斯卡在原本密封的斜塔地基周围进行挖掘，以探究地基的形态，揭示圆柱基础和地基台阶是否与设想的相同。这一行为使得斜塔失去了原有的平衡，地基开始开裂，最严重的是发生了地下水涌入的现象。这次工程后的勘测结果表明，钟楼倾斜加剧了20厘米，而此前267年的倾斜总和不过5厘米。

1838年的工程结束以后，比萨斜塔的加速倾斜又持续了几年，然后又趋于平稳，减少到每年倾斜约1毫米。

几个世纪以来，钟楼的倾斜问题始终吸引着好奇的游客、艺术家和学者，使得比萨斜塔闻名于世界。

比萨斜塔为什么会倾斜，专家们曾为此争论不休。尤其是在14世纪，人们在两种论调中徘徊——比萨斜塔的倾斜，究竟是建造过程中无法预料和避免的地面下沉累积效应的结果，还是建筑师有意而为之。进入20世纪，随着对比萨斜塔越来越精确的测量、使用各种先进设备对地基土层进行的深入勘测，以及对历史档案的研究，一些事实逐渐浮出水面：比萨斜塔之所以会倾斜，是由于它地基下面土层的特殊性造成的。比萨斜塔下有好几层不同材质的土层，由各种软质粉土的沉淀物和非常软的黏土相间形成，而在深约1米的地方则是地下水层。这个结论是在对地基土层成分进行观测后得出的。最新的挖掘表明，这座钟楼建造在了古代的海岸边缘，因此土质在建造时便已经沙化和下沉。

在实际工作中，许多有关专家对比萨斜塔的整个历史以及塔的建筑材料、结构、地质、水源等方面进行充分的研究，并采用各种先进的仪器设备进行测试。比萨中古史学家皮洛迪教授研究后认为，建造塔身的每一块石砖都是一块石雕佳品，石砖与石砖间的黏合极为巧妙，有效地防止了塔身倾斜引起的断裂，成为斜塔斜而不倒的一个因素。但他仍强调指出，当务之急是弄清比萨斜塔斜而不倒的全部奥妙。

从事观测该塔的专家盖里教授根据比萨斜塔近几年来倾斜的速度推测出，斜塔将于250年后因塔身的重心超出塔基外缘而倾倒。但是公共事务部比萨斜塔服务局的有关人员对盖里教授的看法提出了反驳，认为只按数学方式推算是不可靠的，比萨斜塔是“一个由多种事实交织成的综合性问题”。另一些研究者调查发现，比萨斜塔塔身曾一度向东倾斜，尔后又转向南倾斜，他们同样认为该塔能够在过去几百年间斜而不倒，250年后倒与不倒恐怕不能局限于简单的假设和预测。

当然，最关心斜塔命运的自然是比萨人，尽管他们也对斜塔的倾斜感到担忧，但更多的是骄傲和自豪，为自己的故乡拥有这样一座世界著名建筑而感到自豪。他们坚信它不会倒下。他们有这样一句俗语：“比萨塔像比萨人一样健壮结实，永远不会倒下去。”他们对那些把斜塔重新纠正竖直的建议最为深恶痛绝。如1934年，曾有施工单位在地基及四周喷入90吨水泥，实施基础防水工程，塔身反而更加不稳，向周围移动，倾斜得更快。

在比萨斜塔入口右侧墙上发现的碑铭记录了这座钟楼开始建造的年代：“此钟楼奠基于公元1174年8月”（注：实为1173年8月，当时比萨使用的纪年同现在通用的公元纪年相差一年）。这个年份也多次出现在历史档案和同时代的编年史中。

过去人们曾一度认为钟楼是故意被设计成倾斜的，但是现在人们清楚地知道事实并非如此。作为比萨大教堂的钟楼，这座独特的白色闪光的中世纪风格建筑物，即使后来没有倾斜，也将会是欧洲最令人瞩目的钟楼之一。

到威尼斯闯天下

即使是在胜利成功的时候，伽利略仍少不了沮丧的预感。他的表演被学校当局视为是在做假，认为他不配担任学校教职人员。一个大学教授在玩球、做把戏，好像是一个展览会中的杂要人物。

“亚里士多德已经说过——”很多教授引用这话来压制学生们对斜塔实验的报道。伽利略的少数朋友虽信服这个科学实验，但却不敢为他辩护。

校长召见伽利略，再度斥责他的反叛。这位老人神情严肃，穿着羽毛镶边的深色大袍，在校长办公室，一副道貌岸然的样子。他宣布：“你已犯了被开除的过失，你应聘本校是来教授古哲真理，而不是妖言惑众。你应早日离开此地，以免造成更多的纷扰。”

伽利略反驳说：“你为什么不说出我被解聘的真正原因呢？你不只是为了我曾揭发亚里士多德的错误，你以为我不知道乔凡尼王子想要把我毁掉吗？”

“我不愿屈尊和你争论。”校长冷冷地回答。他知道如想否认这在比萨传闻已久的闲话只是徒费口舌而已。

在这事发生前不久，大公爵的同父异母兄弟派人通知伽利略说他的挖泥机模型已做好，希望他来检查一下。熟悉这位业余科学家底细的人曾警告伽利略说：“假如你要发表批评的话，必须十分机警。”伽利略从来就不知道什么叫机警，可是他也熟知名利两字的重要，如果能好好侍候这位美第奇族人，他将会是一位有用的资助人；相反，如果惹怒了他，这个贵族发明家会变成一个危险的敌人。伽利略仔细检查那机器模型后，无法违背良心而不作失礼的坦白直言，他宣称那机器没有价值。

乔凡尼大怒，为了证明伽利略的判断不正确，他马上下令照原设计模型制造，但制造完成后才证实这昂贵的发明的确是完全失败的。王子因羞愤而特别恨伽利略。他公开宣称非把伽利略赶离比萨大学不可。这次斜塔事件正好给大学当局一个借口以取悦这个资助大学最有力的人。

伽利略被轻视、被打败之后离开了比萨，不但荣誉上大受损害，而且在教授任期内他并未存下一文钱。他父亲刚死去，小弟米盖尚无能力供养寡母，两个妹妹丽薇和佛琴的前途无望，只有结婚或做修女两条路可选。她们俩都没有做修女的意图，伽利略只得慷慨答应替她们准备妆奁。然而他现在不但一文不名，离开比萨后，要想再找到一个大学教职工作简直难如登天。

帕多瓦大学有一个数学老师的职位空缺。几位有影响力的朋友写信给伽利略，叫他将申请书寄去，并答应尽力促成这件事，伽利略却担心面对另一次失望。他心情很沉重，充满着不安，他最后决定去威尼斯旅行，这样他可以见到一些有权控制帕多瓦大学的人。

他深深记得年轻时在佛罗伦萨度过的羞辱日子、觅取资助时尝到的闭门羹，以及寄人篱下得到面包的辛酸。但现在，他虽然不受比萨大学当局的欢迎，不过至少已赢得意大利很多有名望的科学家们的注意，这对他的声誉和事业日渐有益。

当时的意大利分为很多城邦，佛罗伦萨管制着比萨并有权制定所属各大学的政策。威尼斯则管理着帕多瓦。很多伟大的博学之士都乐意在这一邦城内的大学教书，因为在这里可以享受思想和言论自由，这往往是在其他城邦的大学得不到的。

威尼斯也是学术界人士的乐园，人们在其中享有同样的知识自由。威尼斯的统治者、政要、商业巨头等都喜爱培养艺术与科学人才。在它纵横交错的运河两侧、多彩多姿的宫殿里，不但藏有水晶、金银、珠宝、各时期的艺术作品，也有当时欧洲最大和收藏最丰富的图书馆。

威尼斯一景

背景知识

佛罗伦萨

佛罗伦萨位于意大利的中部，是一个美丽的城市，是托斯卡纳区的首府。佛罗伦萨是一座具有悠久历史的文化名城，它既是意大利文艺复兴运动的发源地，也是欧洲文化的发源地。它位于阿尔诺河谷的一块平川上，四周被大大小小的丘陵环抱着。

佛罗伦萨一景

传说，佛罗伦萨最早兴建于罗马共和国恺撒在位时期，公元前59年佛罗伦萨成为罗马的殖民地，后又被伦巴第人统治，13世纪时，因羊毛和纺织业的迅速发展而崛起，成为当时意大利重要的城市。那时佛罗伦萨的政治权力由各行会控制。1282年建立起共和国，从此国家的权力转移到最有权势的贵族手中。

15世纪时，佛罗伦萨这朵紫百合就由当地的巨商美第奇家族这只狮子守护，这一守护就是300年，而美第奇家族的族徽也成了今天佛罗伦萨的市徽。15—16世纪时，佛罗伦萨是欧洲最著名的艺术中心，以美术工艺品和纺织品驰名全欧洲。

15世纪至18世纪中期，长达3个世纪的佛罗伦萨历史可以说是与美第奇家族的兴衰紧紧联系在一起，这个家族掌握了当地实际的政治和经济权力。佛罗伦萨最为辉煌的时候，要数文艺复兴时期。美第奇家族酷爱艺术，在其保护和资助下，当时聚集在佛罗伦萨的名人众多，如达·芬奇、但丁、伽利略、米开朗琪罗、马基雅维利（《君主论》的作者）等都是其中之一，而正是有了众多卓越的艺术家们创造了大量的闪耀着文艺复兴时代光芒的建筑、雕塑和绘画作品，佛罗伦萨才成为了文艺复兴的重镇，成为当时欧洲艺术文化和思想的中心。直到1737年美第奇家族最后一个统治者去世后，佛罗伦萨重又陷于奥地利的统治。

19世纪60年代，佛罗伦萨曾短暂地作过意大利的首都，直到1871年意大利才迁都罗马。佛罗伦萨当时以制造玻璃器皿、陶瓷、高级服装、皮革为主要产业，此外，金银加工、艺术复制品等工艺品业也很有名。

徐志摩

如今的佛罗伦萨是连接意大利北部与南部铁路、公路网的交通枢纽，是欧洲文艺复兴运动的发祥地、举世闻名的文化旅游胜地。市区仍保持古罗马时期的格局，大多是中世纪建筑样式。全市有40多个博物馆和美术馆，乌菲齐美术馆和皮蒂宫举世闻名，意大利绘画精华荟萃于此。其文化场所包括大学，还有艺术、文学、科学研究院与图书馆等。

近代著名诗人徐志摩将该城市名译为“翡冷翠”，这种译法远远比另一个译名“佛罗伦萨”更富诗意，更具色彩感，也更符合古城的气质。诗人自身著有《翡冷翠的一夜》一书。后来，作家徐鲁著有《翡冷翠的薄暮》，画家黄永玉著有《沿着塞纳河到翡冷翠》，80后诗人风来满袖著有译诗集《沿康河到翡冷翠》，都是沿袭了徐志摩对这座城市的诗意向往。

每一晚，寻求快乐的威尼斯人举行奢华的宴会，并配合有化装舞会、音乐。这种场合，同时也是许多人交换艺术、文学或科学资讯的时候。现在，伽利略已不再是敬陪末座的人了。他可能仍穿着他那破旧的上衣，担心着付不出简单宿舍的房租，可是，珠光宝气、身穿绫罗绸缎、胸口及手腕上佩戴着钻石珠宝的客人，却簇拥着静听他讲述在斜塔进行的实验或对流体静力学方程式的描述。此时的伽利略已能流畅自如地发表演说，酒酣耳热间，越来越多倾慕他才华的人相互询问这名还只有二十多岁的新人是什么时候来帕多瓦讲学的？

就是在这类的宴会中，伽利略首次见到玛丽娜·根巴，第一次见面就爱上了她。她戴着按照法律只有贞洁妇女才能戴的白色面纱。传说中，她的品格比不上她的机智和美貌。她出身卑微，但认识她的人都被她娇美的外表、高雅的风度以及机智的谈吐所折服，而忘了她的卑微身世。

伽利略打听到她的名字和住址。第二天，他带着一篮水果和鲜花去拜访。很多年以后，这段时期的威尼斯生活都变成碧水青天的梦时，他仍旧清晰地记得那时玛丽娜青春艳丽，有如旭日初升。正午的阳光，从窗格缝隙中射入，落在她的黑发和她唇间咬着的杏仁上。他留意到她虽然身材高大却有一双极纤细的小手。

她的手是那么的纯美，他不愿让戒指、镯子等破坏了这纯美。但伽利略并不是一个吝啬金钱的人，他从他新认识的朋友那里借来些钱，在里亚多金饰店买了一副耳环，装点在她的耳垂上，使之摇曳生姿。他送她的第二件礼物是一条精雕细琢的，镶嵌有深蓝、红和橘黄色的小巧宝石的项链。

伽利略记得她说的话："不要再为我买什么礼物了，伽利略。我知道每次你给我买礼物，你自己就要挨饿。我只要你写的诗歌。"

伽利略会拿起他的鲁特琴，坐在那小屋的走廊下为她演奏。有时，他吟唱自己为她写的歌。但更多的时候，他会演奏一首400年前一个意大利人为他心爱的人所写的诗歌——

> 我曾找遍卡拉布里亚、伦巴第和托斯卡纳、罗马、比萨、卢卡、热那亚，在海与海之间；
>
> 是啊，我甚至来到巴比伦和遥远的巴巴利；
>
> 但在任何地方我没有找到一个女人比得上你的纯美。

伽利略瞥见下面狭小的运河上，有一只载满鲜花的平底小船正驶向市场。他丢下一枚小银币给划船人，船经过玛丽娜身边时，船主丢了一束玫瑰和一束茉莉给玛丽娜。伽利略从没有这样快乐过。

伽利略接到帕多瓦大学的数学教授聘书时，他俩已成为情侣。玛丽娜答应等他在大学里安定下来，能有间自己的房子时，便立刻搬去和他一起住。可能由于伽利略对自己族氏存有荣誉感的原因，他不曾与玛丽娜提及婚姻问题。

繁重的家庭负担

伽利略在帕多瓦大学的薪水和在比萨大学时一样微薄，这使他改善财务状况的希望变得渺茫了，而在佛罗伦萨的家，仍是他最大的一个负担。为了荣誉，他担负起他父亲去世前几年艰苦生活中所负下的债款。他还必须留下一部分给他的母亲，并定时寄一点给小妹丽薇付修道院的住宿费与学费。丽薇羡慕已出嫁的姐姐。

美丽的帕多瓦大学

为了安慰最小的一个妹妹，伽利略在给母亲的信上说："你可安慰她，过去有很多的王后、贵妇年轻时都没有结婚，直到能做她母亲的年龄时才结婚。"

佛琴的婚事已叫伽利略这位哥哥许多个晚上没有好好睡过。她的新郎是佛罗伦萨的一个官员的儿子，和她差不多一样穷，但却坚持要一份妆奁以配合他的家世地位。伽利略写信给他，答应在婚后的一段时间内准备好这笔钱。当时，不知是什么理由，他让小弟米盖签了这份约定书。

伽利略原该知道他弟弟虽有些天分，却是既不可靠又懒惰。这孩子和妈妈吵过一次后，搬到帕多瓦来和哥哥同住，并答应以教授鲁特琴音乐课程维持生活。但他并不热衷去找学生，而已有的少数几个学生也常是等不到老师来上课。原来米盖总是躲避义务，跑到附近的一个酒店去鬼混。伽利略虽是负债累累，但仍凑足了旅费让他到波兰去。在波兰的几年里，他在宫廷中担任音乐师维持自己的生活。

小弟的这个负担解决了，新的麻烦又接踵而至，佛琴的丈夫等得不耐烦，威胁着要按照法律途径解决。伽利略自然不能使母亲和妹妹受到羞辱。最糟糕的是，即使他不被帕多瓦大学辞退，他回到佛罗伦萨也必会因这笔债务而坐牢。在绝望中，他写信给弟弟，提醒他，那婚约也有他的签字，盼望他能担负那笔款项的一部分。

米盖回信说他刚结婚，婚礼耗费了很大一笔钱。他夸口说在八十几位婚礼宾客中有四个外国大使。他觉得没有道理为了"积存那可怜的几文钱"去抚慰姐夫，而把自己的婚礼延搁下来。"我可以肯定地说，在三十年中，我不会存够钱来还这笔债。”他轻描淡写地把这一义务推在一边。

伽利略告诉玛丽娜，他后悔不曾将这个玩鲁特琴的亲人扼杀在摇篮里。于是，无可奈何地，他再次委曲求全地向学校当局预借了两年的薪金，把它寄给佛琴的新郎。

伽利略想到家里的几桩婚娶耗费对他来说压力十分大。还好——正如在比萨一样——他仍可以教些私人弟子赚取些额外的收入。他想起他无法拒绝为丽薇支付妆奁费用。她耐不住修道院的生活，已回到妈妈身边，跟着便写信给宠爱她的哥哥说，她的对象是佛罗伦萨有名望的世家，她争辩说，她该有较姐姐更丰盛的嫁妆。

伽利略勉强答应她的要求，后来，在他最伟大发明的手稿里发现有一纸替新娘准备的购物单：附丝帷的床铺、衣服、丝绒、锦缎以及高跟鞋一双。伽利略回忆起自己穷苦的幼年时代，不愿自己的妹妹在新亲戚面前失去体面。

伽利略对私事的处理也一样过度慷慨。除了薪水以外，他还拿出私塾家教的部分收入，用来支付和他同住在一起学生的住宿费用。伽利略对数学虽有天才，但对钱财账目却未必懂得平衡管理。尽管他的那个管家很不诚实，但是他很少去审查他的购物账目，同时对较粗心或坏脾气的住客拖欠付费也十分容忍。

此外，他个人的消费一年比一年增加。他为玛丽娜另置有住房，她替他生了三个小孩。两个美丽女儿的名字和他两个多灾多难的妹妹的名字一样。他认为，为父亲的孙女这样取名，他老人家地下有知，也该感到安慰的。

伽利略这些年在帕多瓦的健康状况也和他的许多债务与义

务一样叫人担心。开始时，他患有严重的关节炎，有些时候甚至不能工作，必须卧床休息。玛丽娜亲自服侍他，但伽利略却宁愿由仆人侍候。他有着一份骄傲，他不忍让她看到自己的未老先衰，以及在痛苦中呻吟的狼狈相。

虽然，在钱财与精力上，伽利略有应付不完的琐事，但他对帕多瓦却产生了深厚的情感。他自己也没有想到会有幸在这美如图画的城市逗留这么久，他在给朋友的一封信上满怀情感地这样写道——

听说你要回到帕多瓦去，真叫人艳羡。我在那儿度过了我生命中最好的十八个寒暑。

享受到最高的自由和友谊，使我深深怀念和感激。不只是帕多瓦，邻近的威尼斯城也一样。

在他对帕多瓦的忠贞感情里，他也不会忘记威尼斯的种种可爱之处。他体会到，帕多瓦虽有些不同，却有一种独特的伟大。这儿的建筑物不是文艺复兴时期城堡似的宫殿，而是受中世纪哥特式建筑影响的产物。一间一间结实而舒适的房屋，有骑楼接连，屋檐较矮，可以很好地保护人们免受春、秋季雨水的侵袭和夏日太阳的直射。在许多书店或商店前的长板凳上，人们可以和教授晤谈，或者听到从国外回来的人带来的最新消息。去德国和法国参加过商展回来的商人，不但带回了新的商品，也带回新的印刷书刊和远方发人深省的新观念。

背景知识

文艺复兴

文艺复兴是14—16世纪反映西欧各国正在形成中的资产阶级要求的思想、文化运动。其主要中心最初在意大利，16世纪扩及德意志、尼德兰、英国、法国和西班牙等地。“文艺复兴”的概念在14—16世纪时已被意大利的人文主义作家和学者所使用。该词源自意大利文“Rinascita”，一般多写为法文“Renaissance”，它概括了乔托以来的文艺活动特点，被世界各国沿用至今。中国曾有人将其直译为“再生”或“再生运动”，但“文艺复兴”的译法已被普遍接受。文艺复兴是一个朦胧的概念，没有清楚的开始或结束日期。

乔托画像

当时人们认为，文艺在希腊、罗马古典时代曾高度繁荣，但在中世纪“黑暗时代”却衰败湮没，直到14世纪以后才获得“再生”与“复兴”。其过程通常可以涵括为，欧洲由野蛮的黑暗时代演进到一个在各个领域都有新发展的时代，而这些领域的成就均超越了伟大的古文明。因此，文艺复兴着重表明了新文化以古典为师的一面，但它并非单纯的古典复兴，实际上是反封建的新文化的创造。文艺复兴主要表现在科学、文学和艺术的普遍繁荣，但因各国的社会经济和历史条件不同，文艺复兴在各国的推行带有各自的特征。

13世纪末期，在意大利商业发达的城市，新兴的资产阶级中的一些先进的知识分子借助研究古希腊、古罗马艺术文化，通过文艺创作，宣传人文精神。

13世纪末14世纪初，意大利在欧洲最早产生资本主义萌芽，但由于政治、经济发展不平衡，先进地区只限于少数几个城市，尤以佛罗伦萨、威尼斯为最。地处意大利中部的佛罗伦萨出现了以毛织业、银行业、布匹加工业等为主的七大行会，它们不仅控制佛罗伦萨的经济，也直接掌握城市政权。佛罗伦萨的最高权力机构长老会议的成员只能由七大行会从其会员中挑选，贵族被剥夺参政权，广大工人处于无权地位。在这种政治、经济背景下的佛罗伦萨，成为意大利乃至整个欧洲的文艺复兴发源地和最大中心。文艺复兴带来一段科学与艺术革命的时期，揭开了近代欧洲历史的序幕，被认为是中古时代和近代的分界。马克思主义史学家认为，文艺复兴是封建主义时代和资本主义时代的分界。

意大利文艺复兴最早的两位代表人物是佛罗伦萨诗人但丁和画家乔托。但丁的不朽名作《神曲》以恢宏的篇章描写诗人在地狱、炼狱和天堂的幻游，虽然仍以基督教的宗教观念为依据，但文艺复兴的新思想却是其精华与主流。但丁借神游三界的故事描写现实生活和各色人物，抨击教会的贪婪腐化和封建统治的黑暗残暴，同时以佛罗伦萨市民的思想感情为描写对象，提出人们应关心现实生活，积极参与政治。他强调人的“自由意志”，反对封建教会宣扬的宗教宿命论，歌颂有远大抱负和坚毅刚强的英雄豪杰，表现了新的人文主义思想。但丁标志着封建的中世纪的终结和近代资本主义纪元的开端，是中世纪的最后一位诗人，同时又是近代的最初一位诗人。乔托在艺术上的开创之功和但丁相当。他的壁画虽然以宗教题材为主，却力求表现真实生动的人物形象和丰富多彩的现实世界，一反中世纪宗教艺术的抽象与空洞，从而传达了新的时代精神。他的作品不仅内容有新意，技法上也有极大的革新，所绘人物形象有很强的立体感，呈现出真实的空间效果，为文艺复兴的现实主义艺术树立了楷模，因而他被后人尊为第一个奠定了近代绘画传统的天才。以但丁、乔托为表率，佛罗伦萨的文艺复兴蓬勃开展起来。14 世纪后半期又出现了两名新文化的代表人物：F. 彼特拉克和 G. 薄伽丘。彼特拉克诗文并茂，热心提倡古典学术的研究，被称为“人文主义之父”。薄伽丘的名作《十日谈》以诙谐生动的语言讽刺教会贵族，赞扬人民群众，是欧洲文学史上第一部现实主义巨著。

彼特拉克画像

15 世纪，人文主义在意大利蓬勃发展，出现了“言必称古典”的局面。许多学者、诗人搜求古籍成风。随着对古典文化的学习，人文主义思想也日益发展，深入人心。当时的先进人士以所谓“全面发展的人”作为理想，蔑视宗教禁欲主义和封建门第观念，力求成为学识渊博、多才多艺的人。封建教会对文化的垄断钳制被打破了，文化领域百花竞放，为新兴的资本主义经济、政治开拓了道路。这一时期文艺复兴的代表人物有人文主义者L·布鲁尼（约1370—1444）和L·瓦拉（1407—1457），建筑家F·布鲁内莱斯基（1377—1446）和数学家L·B·阿尔贝蒂（1404—1472），雕刻家多纳泰罗（约1386—1466），画家托马索·迪·乔万尼·迪·西莫纳·圭迪（即马萨乔，1401—1428）和S. 波提切利（1445—1510）。

16世纪是意大利文艺复兴特别繁荣的时期，产生了三位伟大的艺术家：列奥纳多·达·芬奇（1452—1519）、米开朗琪罗（1475—1564）和拉斐尔（1483—1520）。达·芬奇既是艺术家，又是科学家，是当时“全面发展的人”的完美典型。他的艺术水平在体现人文主义思想和掌握现实主义手法上都达到了新的高度，从而塑造了一系列无与伦比的艺术典型。肖像画《蒙娜丽莎》被誉为世界美术杰作之冠，表现了艺术家对女性美和人的丰富精神生活的赞赏；壁画《最后的晚餐》则反映了艺术家创造典型人物和戏剧性场面的能力，深刻描绘了人物的性格，布局严谨又富于变化，为后人学习的典范。

达·芬奇精深的艺术创作又与广博的科学研究密切结合，凡各种写实表现无不源于科学技术的基础。他在许多学科上都有重大发现，在解剖学、生理学、地质学、植物学、应用技术和机械设计方面建树尤多，被誉为许多现代发明的先驱。米开朗琪罗是艺术上造诣极高的大师，在建筑、雕刻、绘画、诗歌等方面都留有很多不朽的杰作。他创作的罗马梵蒂冈西斯廷礼拜堂的巨幅屋顶壁画，虽属宗教题材，却充满热情奔放、力量无穷的英雄形象，被称为世界上最宏伟的艺术作品。他的许多雕塑，例如《大卫》《摩西》和《垂死的奴隶》等，在技艺上较希腊古典名作有过之而无不及。拉斐尔则是卓越的画家，被后世尊为“画圣”。他善于吸收各家之长，加以自己的创造，在艺术的秀美、典雅方面大放异彩，留下了许多第一流的杰作，如《花园中的圣母》《西斯廷圣母》，以及梵蒂冈教皇宫中的许多壁画，尤其是《雅典学派》《教义的争论》等，都达到构图和形象完美的极致。除这三位艺术大师之外，这一时期文艺复兴的代表人物还有建筑师 D·布拉曼特（1444—1514）、政治学家和史学家 N·马基雅维利、诗人阿里奥斯托（1474—1533）。布拉曼特通过在罗马的设计和作品，创立了文艺复兴时期的建筑风格；马基雅维利的代表作有《佛罗伦萨史》《君主论》等；阿里奥斯托的代表作则有长诗《疯狂的奥尔兰多》。他们的作品都对现实问题作了深入分析或反映。

阿里奥斯托画像

中古时代的许多成就为这个象征重生的时代做出了贡献。其中一项是恢复对知识的兴趣。牛津大学的第一所学院成立于1264年。到了1400年，欧洲境内便有超过50所大学。原由阿拉伯人保存的古文献被翻译成拉丁文，透过这些古老文献，教育和辩论的风气得以助长。欧洲人在西西里和西班牙等地均与阿拉伯人有所接触，并借此重新发现许多宝藏，古希腊数学家欧几里得的著作即为一例，该书一直到19世纪都是欧洲人的标准数学教材。阿拉伯人也传播了新的数字体系、小数点的观念和零的观念，而这些观念都是在印度发展起来的。到了1450年左右，知识的传播速度更随着印刷机的发明而加快了脚步。

第二个重要贡献是生活水准的提升，尤其在意大利的大型商业城市。十字军东征令欧洲人大开眼界，得以一窥东方的财富，尤其是丝绸、香料和棉。威尼斯、热那亚、佛罗伦萨和其他城市的商人，都争相取得欧洲与东地中海之间的贸易。这些商人从商业活动中累积了多余的财富后，便开始以艺术来美化自己的家乡和城市。雕刻品、绘画、建筑、音乐、诗歌和文学都找到新的表达方式展现有趣的主题，而不再限于从中古时代起就一直占有主导地位的宗教题材。它们普遍描绘日常生活、骑士故事和冒险情节，欧洲的文化因而变得更有人性，宗教的成分也随之减少。

技术的发展亦得到了更新，更有效的商品与服务应运而生。制造、农耕和贸易都得到了改进，大幅超越古代的成就。对利润的欲求鼓励了创造和探索。随着衰退中的贵族不断消失，中产阶级的商人和工匠开始争取能与他们经济力量相等的政治权力。

到了16世纪，欧洲国家已经在许多重要科技上领先世界其他国家。欧洲人透过对世界的探索、寻找贸易路线、新教徒的宗教改革和欧洲本身不断的政治竞争等释放活力，也让这个区域在几个世纪中占有举足轻重的地位。

西欧的中世纪是个特别“黑暗的时代”。基督教教会成了当时封建社会的精神支柱，它建立了一套严格的等级制度，把上帝当作绝对的权威，文学、艺术、哲学，一切都得按照基督教的经典《圣经》的教义，谁都不可违背，否则，宗教法庭就要对他进行制裁，甚至处以死刑。《圣经》里说，人类的祖先是亚当和夏娃。由于他们违背了上帝的禁令，偷吃了伊甸园的禁果，犯了大罪，因而作为他们后代的人类，就要世世代代地赎罪，终身受苦，不要有任何欲望，以求来世进入天堂。在教会的管制下，中世纪的文学艺术死气沉沉，科学技术也没有什么进展。

中世纪的后期，资本主义萌芽在多种条件的促生下，于欧洲的意大利首先出现。资本主义萌芽是商品经济发展到一定阶段的产物，商品经济是通过市场来运转的，而市场上择优选购、讨价还价、成交签约，都是斟酌思量之后的自愿行为，这就是自由的体现，当然要想有这些自由还要有生产资料所有制的自由，而所有这些自由的共同前提就是人的自由。此时意大利呼唤人的自由，陈腐的欧洲需要一场新的提倡人的自由的思想运动。

资本主义萌芽的出现也为这场思想运动的兴起提供了可能。城市经济的繁荣，使事业成功和拥有巨额财富的富商、作坊主和银行家等更加相信个人的价值和力量，更加充满创新进取、冒险求胜的精神；多才多艺、高雅博学之士受到人们的普遍尊重。这为文艺复兴的发生提供了深厚的物质基础和适宜的社会环境。

在古希腊和古罗马，文学艺术的成就很高，人们也可以自由地发表各种学术思想，和“黑暗的时代”的中世纪是个鲜明的对比。14世纪末，由于奥斯曼帝国的入侵，东罗马帝国的许多学者带着大批的古希腊和古罗马的艺术珍品和文学、历史、哲学等书籍，纷纷逃往西欧避难。（也有一说是十字军三次东征带回来的纪念品，他们在路上发现了这些书，就搬了回来藏在教堂的地下室，后被人发现，惊叹古罗马的艺术、文学等，就开始极力传播，意图达到古罗马那时的成就）一些东罗马帝国的学者在意大利的佛罗伦萨办了一所叫“希腊学院”的学校，讲授古希腊辉煌的历史文明和文化等。这种辉煌的成就与资本主义萌芽产生后人们追求的精神境界是一致的。于是，许多西欧的学者要求恢复古希腊和古罗马的文化和艺术。这种要求就像春风，慢慢吹遍整个西欧。文艺复兴运动由此兴起。

文艺复兴时期的作品，集中体现了人文主义思想：主张个性解放，反对中世纪的禁欲主义和宗教观；提倡科学文化，反对蒙昧主义，摆脱教会对人们思想的束缚；肯定人权，反对神权，摒弃作为神学和经院哲学基础的一切权威和传统教条；拥护中央集权，反对封建割据，这是人文主义的主要思想。其中，代表性作品有但丁的《神曲》、薄伽丘的《十日谈》、马基雅维利的《君主论》、拉伯雷的《巨人传》等。

拉伯雷画像

文艺复兴时期的艺术歌颂了人体的美，主张人体比例是世界上最和谐的比例，并把它应用到建筑上，以及一系列虽然仍然以宗教故事为主题，但表现的都是普通人的场景的绘画、雕塑，将神拉到了地上。

人文主义者开始用研究古典文学的方法研究《圣经》，将《圣经》翻译成本民族的语言，导致了宗教改革运动的兴起。

人文主义歌颂世俗，蔑视天堂，标榜以理性取代神启，肯定“人”是现世生活的创造者和享受者，要求文学艺术表现人的思想感情、科学为人谋福利、教育要发展人的个性，要求把人的思想感情和智慧从神学的束缚中解放出来，提倡个性自由，因此在历史发展上起了很大的进步作用。

有好一段时间，文艺复兴被认为是简单地恢复了古典文化。其实，文艺复兴并不是真正要“恢复”古典的文化，而是借此抨击当时的文化和制度，以建立新的文化，为建立新的社会制度体系制造舆论。

文艺复兴是一个逐渐发展的时期，而且文艺复兴使当时人们的思想也发生了变化，导致了宗教改革和激烈的宗教战争。后来的启蒙运动以文艺复兴为自己的榜样。19 世纪的历史学家认为后来的科学发展、地理大发现等都是源于文艺复兴。文艺复兴是“黑暗时代”的中世纪和近代的分水岭，是资产阶级革命的舆论前提。文艺复兴是使欧洲摆脱腐朽的封建宗教束缚，向全世界扩张的一个前奏曲。文艺复兴推动了欧洲文化思想领域的繁荣，为欧洲资本主义社会的产生奠定了思想文化基础。

帕多瓦的知识生活焦点——帕多瓦大学，是当时世界上最伟大的学术中心之一。很多有名的大学都是由寺院和教堂发展起来的，但帕多瓦大学开始时只是一所法律学校，是由所谓学者“摆教”而成立的。13 世纪时的博洛尼亚，如同当时的许多大学城一样，学校的兴盛视教师、进入该大学的学生数量而定。因此，大学常因需要而成立。博洛尼亚发生过一次城市与学校的争斗。教授们穿着长袍、戴着方帽，把他们身着黑制服的学生集合起来，率领他们步行到帕多瓦，建立了这所新学校。

在这里，同时教授圣典宗教法和民法。不久之后，又添加了其他科系如医学、哲学等。因为这里学术风气自由，各种思想与表达都受欢迎并被接受，使得帕多瓦的科学课程日趋成长发展起来。这里的数学系教授是欧洲最有名望的老师，他去世后，由伽利略接任。

在帕多瓦，除了圣安东尼大教堂外，帕多瓦大学本部是最重要的学术机构。人们习惯称它为“牛”，因为校舍原先曾是旅舍，大门上漆有一头牛的图像。大学里的人称他们自己是“斗牛者”，和世界各地的学生一样，帕多瓦大学学生十分重视他们学校的声誉，他们随时肯为学校的光荣传统而战。

这群“斗牛者”和耶稣会的人曾发生激烈的争执。耶稣会在帕多瓦大学成立多年后，也在帕多瓦建立了他们自己的学院。为了争取在上课前敲打声音洪亮的黄铜制钟的权力，这两所学校的学生几乎打了起来。大学的教授们为了保持尊严没有使用拳头，却使用笔战。帕多瓦大学的教授运用辩论术批评耶稣会的许多观念不对，耶稣会的人则攻击大学教授团广布异端邪说。

伽利略没有参加这场纠纷。他认识耶稣会里很多学问渊博、正直且能容忍新观念的学者，他没有忘记罗马大学克勒菲神父，在他还是一个默默无闻、奋斗中的学生时对他的仁慈。

帕多瓦大学的教授群中，很多人都能接受对亚里士多德的批评。这种学术自由风气让伽利略感到舒适，因而把双方的纠纷置之脑后。他虽从未只为战斗而战斗，但每有疑问的时候，他总是面对着问题提出质疑："为了什么理由？"然后设法来解决它。

超越黑暗天空的星辰

在帕多瓦大学第一个月的某一天早晨，伽利略站在大教堂内欣赏着圣像。此刻，他较少想起亚里士多德了。他感受到天使般的神学家阿奎纳不愧为最伟大的神学家。

伽利略忆起这位多米尼克教派学者临死的遗言："为着主，我研究、观察、辛劳、传教。我传达主的教言。我从不曾违背主。我也不曾固执我见。如果我固执于不对的事，我愿受神圣罗马天主教堂的审判。我一生都忠心附庸着。"

伽利略被这谦虚的言辞所感动，他祈祷他也能如此善终。

伽利略在帕多瓦的第一年，即使他有意参加那些纷争，他也没有时间，他必须埋头撰写讲稿。从他在1592年第一堂课开始，他的声誉便建立起来了。此后他无需再担心敌视的脸孔和无人听课的尴尬场面。听过他讲课的学生奔走相告。很快，他授课的大教室就座无虚席。他讲解的内容和技巧都很引人入胜，许多学生虽不一定对他教的科目感兴趣，但都愿意听他对数学、物理和天文的新见解，以及他谈论这些科目时所给他们的启发。几年以后，他的一个成为帕多瓦大学教授的学生马塞里说："我从伽利略那儿学习三个月所学到的东西，比从其他人那里学了很多年的还要多。"

他依据科学方法讲解的军事攻防法规，也极受来校受训的年轻贵族的欢迎，这些来听课的人均来自意大利各省，且有从欧洲其他地区远道而来的。他们来学习的目的是为了将来的需要，用以保护自己的国土。伽利略有时会感慨，为什么人们那么急着要学习毁灭他们敌人的方法，且比学习他所发现的灌溉法、替贫苦农民增加粮食的方法更为热衷？他无法预见，在他即将发明的仪器里面，是否有一些会成为某些统治者最有用的武器。

伽利略的家教学生人数每月均有增加，很多学生甚至跟他同住。他不但是他们的老师，也是他们的朋友。他喜欢和这些奋发上进的人深入交流。伽利略虽不曾离开过意大利，但他却通过这些机会与来自法国、德国、瑞典的青年建立了深交。属天主教派的帕多瓦，其学术自由风气之恢弘，即使对持反对意见的路德派系教授也欢迎不拒。伽利略也同样宽宏，从不分天主教或基督教，都一视同仁，把他们看成是大家庭中的一分子。

有些来自远方的青年不会说意大利语，因此长餐桌上常可以听到使用拉丁文或者其他方言的谈话。用膳时的讨论多集中在当天所学课程上。但伽利略却时常利用这个机会，让外国学生讲些他们本国的大学生活、政治情况、社会风俗习惯等等。

住在伽利略住处的学生，永远不会忘记这些增长知识见闻的交谈。很多学生在离开后仍保持与他们的老师通信。继续研究科学的学生则常来信讨论他们的研究工作。有些家世显赫或与当时的权贵有所接触的学生则常在老师遭遇困难时，运用其影响力帮助老师解决问题。

伽利略

伽利略的学生众多，可说是桃李满天下，像一颗投在水池中央的石子，水波波及范围既深且远。不仅只是那二三十个和他共膳、共宿的学生得到莫大的帮助，就是只在课堂听课、课后提出问题研究的、在酒馆茶楼听他讲故事的人全都有所收获。伽利略真切地感觉到，这些笑口常开、激进的法国人，或是动作缓慢、好学深思的德国人，或来自其他国家的人，多少都可从他那儿学得一点东西带回他们的祖国去。

伽利略自己在学生时代时，已深深体会过贫寒的滋味，今天他当了帕多瓦大学的教授，对贫苦上进的学生总是尽力照顾。有三个贫苦学生住在一起，听说三个人轮流上课，学校当局后来查明他们不能每堂课必上的原因是：三人共有一件学生袍，只能轮流穿着外出；而他们的荣誉心极重，从未抱怨过穷苦。伽利略听到这件事，表情尴尬地笑了。

有些中产阶级家庭出身的学生，可以舒适地住在伽利略分租膳宿的房舍。有钱人家或贵族出身的学生则居处豪华，如同住在自己家里一样，楼台庭院，仆人侍者应有尽有。伽利略幼时虽极贫穷，但他仍记得他们原是出身贵族，风俗、习惯上耳闻目染，和贵族人士打交道并不感到局促，也能恰如其分，但他对贫苦学生，却更能多付出他的一份关注。

伽利略特别喜欢和具有才智的青年学生及同僚们接触。在帕多瓦和威尼斯，他都有不少好朋友，其中一位最早的朋友和入室弟子名叫卡勒里。

卡勒里可以作为当时富有人物的代表，他不但闻名于学术界，结交学识渊博的朋友，而且他自己也读书、研究，从不停止。他在帕多瓦大学结业后，便开始搜集稀有书籍文献，他的巨宅中私人藏书达八万多卷。他平日交往的人多是王子、主教、艺术家和作家。大学教授们时常携同少数特具才艺的学生前往做客，席间能有机会聆听其他宾客的各类讨论。

聚会中辩论过后、面红耳赤之余，卡勒里常会取出他的七弦琴，伽利略则用鲁特琴伴奏，以娱嘉宾。音乐会后，再继续饮宴。深夜里，伽利略和一些学生在微醉中一同又唱又跳地回到宿舍。

卡勒里有很多出色的欧洲科学家朋友，其中一位是被尊为“数学哲人”的第谷·布拉赫。伽利略很想和他讨论几个数学上尚未解决的疑问。卡勒里因而写信介绍伽利略给这位丹麦的老科学家兼天文学家，但这位帕多瓦大学教授的求教函件竟被这冷傲不群的老人积压了 8 年未复，直到布拉赫去世的那一年，他才发现伽利略声誉日隆的才华。

伽利略的个性和这位老教授大不相同。当这位老教授去世后，接替他的人是一个年轻的德国天文学家开普勒。开普勒的第一本著作问世时，伽利略曾给这位年轻而名不见经传的天才科学家一封衷心赞扬的信。他们俩从未谋面，彼此竟成为好朋友，两人对哥白尼学说都极为推崇。

伽利略在帕多瓦执教的最初几年中，发现一本被人们遗忘很久、由一位没有显赫名望的修士所写的书。这本书的作者哥白尼是怎样的一个人呢？他将整个生命都投注在天文研究，而写下这惊人的理论。伽利略发现这位科学家也曾在帕多瓦大学念过书，他从大学的档案中找到了他的名字，是一个世纪以前的学生，他开始对他产生了浓厚的兴趣。

哥白尼在克拉科夫大学念了3年的数学和天文学后，他那位在佛劳恩堡做主教的叔叔送他去意大利继续读书。他在博洛尼亚大学念希腊文和哲学，在此认识了天文学家诺瓦拉。诺瓦拉教他欧洲科学家们刚开始学习的新知识——观测技术。

可能由于研读柏拉图著作的关系，哥白尼此时涉猎到了古希腊学术，包括毕达哥拉斯的研究。亚里士多德以前的哲学家，有人相信地球为圆形而非平直，且围绕太阳旋转。这一理论被具有绝大权力的亚里士多德以及托勒密等人否定。托勒密在公元2世纪期间，在亚历山大城研究占星学。

这群科学家和著作者，继续统治着人心直至文艺复兴时期。后来，希腊文化的复兴将柏拉图思想引进，使得诺瓦拉对托勒密学说的正确性产生了怀疑，但大多数基督教学者仍旧接受我们的地球是宇宙的中心这种观念。他们从圣书上读到，约书亚命令太阳和月亮停止不动，以便让他和侵入以色列的敌人作战。只有疯人或信奉异端邪说、想毁灭敌党的人才会怀疑圣书上的话。

伽利略继续研究、写作、讲课，并常参加帕多瓦及威尼斯的宴会，通过化装舞会及音乐调节生活。但他最喜欢的一项消遣却是他父亲以前称为修补的工作。他常常在他的工作台上埋头苦干很长时间。有很多的发明都还留下没有完工，但其中有一种机械绘图用的仪器，却给伽利略带来了一笔可观的收入，他的声誉也越来越大。

伽利略发明的这个绘图仪是用两支金属分划尺相互交叉钉接起来的。依照分划调整两尺的角度，这种仪器可用来放大地图或其他绘图。这种仪器销路很广，伽利略就雇了一个技工，督导他依图制作。伽利略把这个工人安置在自己家，并允许他的家属也一并搬来。伽利略的姐妹和她们的小孩，有时还有他那年老、喜欢吵闹的母亲，来看望伽利略时，住处就显得十分热闹和拥挤了。

伽利略并不在乎这些，他会把书房大门关起来读书、写作、阅读笔记，或书写充满着精心构思的佳句的长信给朋友们。有时，如果关节炎没有发作，他会在美好的夜晚坐在花园中静思默想。他感谢上天对他十分恩厚。在经过如此长久，像诗人但丁经过的恐怖、不安的一段时间后，他终于看到希望的曙光了。

背景知识

柏拉图

柏拉图生于约公元前 427 年，死于公元前 347 年。他是古希腊哲学家，也是全部西方哲学乃至整个西方文化最伟大的哲学家和思想家之一，他和老师苏格拉底、学生亚里士多德并称为古希腊三大哲学家。

一般推测柏拉图出生的年份应该是在公元前 427 年的 5 月

或12月（如同其他早期的西方哲学家，他的出生日期也依然未知）。柏拉图生于一个较为富裕的贵族家庭，他的父亲叫阿里斯通，母亲叫克里提俄涅，他在家中排行老四。他的家族据说是古雅典国王的后代，他也是当时雅典知名的政治家柯里西亚斯的侄子，不过两人之间的关系也仍有争议。依据后来第欧根尼·拉尔修的说法，柏拉图的原名为阿里斯多克勒斯，但是为什么又改称“柏拉图”呢？事实上，阿里斯托勒斯自幼身体强壮，胸宽肩阔。因此体育老师就替他取名“柏拉图”，“柏拉图”在希腊语意为“宽阔”。后来，“柏拉图”这一名字就被沿用了下来，流传至今。但第欧根尼也提起了其他的说法，柏拉图这个名字也可能是来自他流畅的言辞，或因为他拥有宽广的前额。由于柏拉图出色的学习能力和其他才华，古希腊人还称赞他为阿波罗之子，并称在柏拉图还是婴儿的时候曾有蜜蜂停留在他的嘴唇上，才会使他口才如此卓越。

苏格拉底塑像

柏拉图出身于雅典贵族，青年时师从苏格拉底。公元前399年，苏格拉底受审并被判死刑，柏拉图对当时的政体完全失望，他游历四方，曾到埃及、小亚细亚和意大利南部从事政治活动，企图实现他的贵族政治理想。公元前387年活动失败后，他逃回雅典，在雅典城外西北郊的圣城阿卡德米创立了自己的学校——阿卡德米学园。这个学院成为西方文明最早的有完整组织的高等学府之一，后世的高等学术机构也因此而得名。这也是中世纪时在西方发展起来的大学的前身。阿卡德米所在处曾为希腊传奇英雄阿卡得摩斯住所，因而以此命名。柏拉图此后在此执教40年，直至逝世。学园存在了900多年，直到公元529年被查士丁尼大帝关闭为止。学园受到毕达哥拉斯的影响很大，课程设置类似于毕达哥拉斯学派的传统课题，包括了算术、几何学、天文学以及声学。据说，柏拉图在学园门口立了块碑："不懂几何者不准入内。"学园培养出了许多知识分子，其中最杰出的是亚里士多德。柏拉图一生著述颇丰，其教学思想主要集中在《理想国》和《法律篇》中。

除了荷马之外，柏拉图也受到许多之前的作家和思想家的影响，包括了毕达哥拉斯所提出的"和谐"概念，以及阿那克萨戈拉教导苏格拉底应该将心灵或理性作为判断任何事情的根据。巴门尼德提出的联结所有事物的理论也可能影响了柏拉图对于灵魂的理解。

柏拉图是西方客观唯心主义的创始人，其哲学体系博大精深，对其教学思想影响尤甚。柏拉图认为世界由"理念世界"和"现象世界"组成。理念的世界是真实的存在，永恒不变，而人类感官所接触到的这个现实的世界，只不过是理念世界的微弱的影子，它由现象组成，而每种现象是因时空等因素而表现出暂时变动等特征。由此出发，柏拉图提出了一种理念论和回忆说的认识论，并将它作为其教学理论的哲学基础。

柏拉图认为人的一切知识都是由天赋而来，它以潜在的方式存在于人的灵魂之中。因此认识不是对世界物质的感受，而是对理念世界的回忆。教学目的是为了恢复人的固有知识。教学过程即是“回忆”理念的过程。在教学中，柏拉图重视对普遍、一般的认识，特别重视学生思维能力的培养，认为概念、真理是纯思维的产物。同时他又认为学生是通过理念世界在现象世界的影子才得以回忆起理念世界的，他承认感觉在认识中的刺激作用。他特别强调早期教育和环境对儿童的作用，认为在幼年时期儿童所接触到的事物对他有着永久的影响，教学过程要通过具体事物的感性启发，引起学生的回忆，经过反省和思维，再现出灵魂中固有的理念知识。就此而言，柏拉图的教学认识是一种先验论。

柏拉图雕塑

柏拉图的教学体系是金字塔形。为了发展理性，他设立了全面而丰富的课程体系。他以学生的心理特点为依据，划分了几个年龄阶段，并分别设定了不同的教学科目：0—3 岁的幼儿在育儿所里受到照顾。3—6 岁的儿童在游乐场内进行故事、游戏、唱歌等活动。6 岁以后，儿童进入初等学校接受初级课程。在教学内容上，柏拉图接受了雅典以体操锻炼身体、以音乐陶冶心灵的和谐发展的教育思想，为儿童安排了简单的读、写、算、唱歌，同时还十分重视体操等体育训练项目。17—20 岁的青年升入国立的“埃弗比”接受军事教育，并结合军事需要学习文化科目，主要有算术、几何、天文、音乐。

20—30岁，经过严格挑选，进行10年科学教育，着重发展青年的思维能力，继续学习“四科”，懂得自然科学间的联系。30岁以后，经过进一步挑选，学习5年，主要研究哲学等。至此，形成了柏拉图相对完整的金字塔形的教学体系。

根据其教学目的，柏拉图吸收和发展了智者的“三艺”及斯巴达的军事体育课程，也总结了雅典的教学实践经验，在教育史上第一次提出了“四科”（算术、几何、天文、音乐），其后便成了古希腊课程体系的主干和导源，欧洲的中等与高等教育沿袭此模式达1500年之久。

柏拉图认为，每门学科均有其独特的功能，凡有所学，皆会促成性格的发展。在17岁之前，广泛而全面的学科内容是为了培养公民的一般素养，而对于未来的哲学家来讲，前面所述的各门学科都是学习辩证法必不可少的知识准备。文法和修辞是研究哲学的基础；算术是为了锻炼人的分析与思考能力；学习几何、天文，对于航海、行军作战、观测气候、探索宇宙十分重要；学习音乐则是为了培养军人的勇敢和高尚的道德情操。同时，他还很重视选择和净化各种教材，如语言、故事、神话、史诗等，使其符合道德要求，以促进儿童心智之发展。

就教学方法而言，柏拉图师承苏格拉底的问答法，把回忆已有知识的过程视为一种教学和启发的过程。他反对用强制性手段灌输知识，提倡通过问答形式，提出问题，揭露矛盾，然后进行分析、归纳、综合、判断，最后得出结论。

理性的训练是柏拉图教学思想的主要特色。在教学过程中，柏拉图始终是以发展学生的思维能力为最终目标的。在《理想国》中，他多次使用了“反思”和“沉思”两词，认为关于理性的知识唯有凭借反思、沉思才能真正融会贯通，达到举一反三。感觉的作用只限于现象的理解，并不能成为获得理念的工具。因此，教师必须引导学生心思凝聚，学思结合，从一个理念到达另一个理念，并最终归为理念。教师要善于点悟、启发、诱导学生进入这种境界，使他们在“苦思冥想”后“顿开茅塞”，喜获“理性之乐”。这与苏格拉底的“助产术”理论有异曲同工之妙。

柏拉图的教学思想几乎涉及教学领域中的所有重要方法。他第一个确定了心理学的基本划分，并使之与教学密切联系起来。他继承并发展了斯巴达的依据年龄特征划分教学阶段的教学理论，在教学的具体内容、形式、方法和手段上则更多地总结与采用了雅典的经验，提出了全面、和谐发展的课程体系。他十分注重在教学中发展学生的思维能力，强调探讨事物的本质，这些都给了后世教育家们以巨大的影响和启迪。

柏拉图主义是数学历史上影响最大的数学哲学观点，它起源于古希腊的柏拉图，此后在西方数学界一直有着或明或暗的影响。19 世纪，它在数学界几乎占了统治地位。20 世纪初，数学基础三大学派的争议刚趋平息，柏拉图主义观点又成为讨论的热点之一。

但是，柏拉图夸大了理性发展在教学中的意义。他主张通过回忆和沉思冥想以致知的教学过程，反映了其对掌握知识理解中的唯心主义倾向。特别是他把理性绝对化、孤立化，使感觉和理性之间对立起来的思想，成了中世纪经院派教条主义教学方法的理论基础。他有一句名言：“不知道自己的无知，乃是双倍的无知。”

第三篇　科学研究的春天

"一切推理都必须从观察与实验得来。"

——伽利略

返回故里

继1604年人们观测到超新星爆发事件后，伽利略的声誉继续上升。许多听众——不仅是大学的学生，还有许多来帕多瓦访问的名流，常常把他的课堂挤得满满的。

他发明的绘图仪在市场上也颇受欢迎，特别是用于军事计划作战行动，使用起来十分方便。绘图仪的使用需要一些几何知识，因此，来请教他的人更是多不胜数。贵族阶层的业余人士把这项发明视为玩具，而未把它视为数学及机械仪器，往往他们来帕多瓦学习这"奇异两脚规"后，回到宫廷后仍需请宫廷数学教师解释它的用法。

前来听课的贵族学生中有一位青年名叫尼可洛，是托斯卡

帕多瓦一景

纳王宫御前大臣的儿子。他回到佛罗伦萨后，在他父亲面前极力称赞伽利略是一个友善、讲演流利、擅长制作奇妙仪器的发明家。

尼可洛对父亲说：“伽利略老师不仅在帕多瓦、威尼斯是伟大和渊博的学者，就是在外国，他也声誉甚隆，这真是怪事！他在佛罗伦萨怎会没有一点地位呢？我们的城市和整个托斯卡纳真该以拥有这样一个子弟为荣。”

他父亲同意了，很快便与大公爵夫人讨论，克丽丝汀夫人对此也感到颇为惊异，吩咐宫廷大臣即刻通知伽利略，宫廷对其发明极感兴趣，可否请他在休假中前来公爵避暑行宫一谈？同时也请求赐教王子柯西莫使用该仪器的方法。

伽利略一再诵读收到的邀请函，此时此刻他忘了当时正在发作的关节炎，反而心上隐隐作痛，一种多年积聚的思乡病终于在此刻爆发，他开始急切地想念着离开多年的佛罗伦萨故土。

伽利略的身材此时已略显臃肿，两鬓须发逐渐灰白。他回想起幼年在父亲的羊毛织物店中，父亲提及过达·芬奇，斥责他的罪过，虽然获得荣耀名誉却远离故土佛罗伦萨，客死他乡。

伽利略自忖："我现在还算是年轻，前途光明，我该凯旋故里，像先贤一样，造福乡梓。托斯卡纳出过不少军人、政治家、艺术家及医生。我如能在宫廷中得一职位，也可以给我的孩子一个荣誉封衔。如果他被正式承认为我的合法子嗣，谁知道他以后会飞黄腾达到怎样的程度，给我们伽利略世家增添多少光彩！"

伽利略想回佛罗伦萨也有别的原因。虽然他在帕多瓦拥有很多荣誉，但如能进入宫廷，职位必然更加显耀，如同布拉赫一样是皇家的数学教师。他想着，如果他可以不必讲演授课，那他必定有更多的时间做自己的研究。

伽利略立刻接受大公爵夫人的邀请，并期望着这是获得王宫固定职位的前奏。

暑假到了，伽利略和大学教授朋友说了一声"秋天再见"，并给玛丽娜留下足够维持家用的资金，也和孩子们，尤其是他最喜爱的小女佛琴道别。他没有假装抱歉未能带玛丽娜同行，在帕多瓦，他们的关系无人批评，但在托斯卡纳王宫，她必须是正式的妻子才能被接受。他并没有和这位美丽的妇人正式结婚，当日风靡威尼斯的一代美人，和当日热情如火的恋情，如今也随着时光进入迟暮，只剩下美丽的回忆。

在思乡心切的伽利略眼里，佛罗伦萨比往日号称百合花城的时代更美了。他从热情欢迎他回来的亲戚中（包括他的妹夫，因嫁妆债款早已付清，显得很友善）脱身，漫步在弯曲狭窄的巷道中，每一处景物都让他备感亲切。他溜进大教堂做了简短的祷告。洗礼堂的大门，米开朗琪罗称它美得像天堂的门；宝塔高矗在铁狮子旁，顶上百合旗帜飘荡在仲夏天空；圣马可修道院墙上的壁画，儿童的天真姿态栩栩如生。他走到监狱门前暂停，寻思着一百年前萨佛拉罗拉在此殉道的情景。

他必然是反对佛罗伦萨、反对上帝的。但是，伽利略寻思着，难道就因为他相信所认定的是真理就该受到这样无情的处罚吗?

然后，他停立在跨越亚诺河的明德桥上，脑中仍在想念着那个叛逆的修士。也不知什么缘故，他也想起了布鲁诺。

背景知识

布鲁诺

布鲁诺画像

乔尔丹诺·布鲁诺于公元1548年出生于意大利那不勒斯附近的诺拉镇，在公元1600年去世。他是文艺复兴时期意大利天文学家、哲学家。布鲁诺诞生于意大利那不勒斯附近的诺拉城的一个普通农民家庭。他幼年丧失父母，家境贫寒，所以由神父养育长大。穷苦的布鲁诺自幼十分好学，10岁就进了修道院，15 岁的时候当了多米尼修道院的修道士。后来由于他勤奋好学，最终通过自己顽强自学成为当时知识渊博的学者。

在年轻的时候，布鲁诺一接触到哥白尼的《天体运行论》，便在心中立刻激起了火一般的热情。从此，他便屏弃宗教思想，只承认科学真理，并为之奋斗终生。布鲁诺每到一个地方，都积极批判宗教神学，热情宣传哥白尼的学说，反对托勒密的地心说。后来布鲁诺被判为了宗教的叛逆者，被指控为异教徒并被革除了教籍。公元 1576 年，年仅 28 岁的布鲁诺不得不毅然扔掉袈裟，逃出修道院。因为遭到教廷通缉，他不得不在 1578 年离开意大利，并且长期漂流在瑞士、法国、英国和德国等国家。他四海为家，在日内瓦、图卢兹、巴黎、伦敦、维登堡和其他许多城市都居住过，长达 13 年之久。尽管如此，布鲁诺仍然始终不渝地宣传科学真理。他到处做报告、写文章，还时常出席一些大学的辩论会，用他的笔和舌毫无畏惧地积极颂扬哥白尼学说，无情地抨击官方经院哲学的陈腐教条。1583 年，布鲁诺来到伦敦，在这里度过了两年多比较安静的时期，他的哲学著作《论原因、本原和统一》以及《论无限的宇宙和世界》就是在伦敦完成并于 1584 年出版的。

托勒密画像

布鲁诺的专业不是天文学也不是数学，但他却以超人的预见大大丰富和发展了“哥白尼学说”。布鲁诺以天才的直觉，发展了哥白尼的宇宙学说，他在《论无限的宇宙和世界》这本书当中，提出了宇宙无限的思想，他认为宇宙是统一的、物质的、无限的和永恒的。在太阳系以外还有无数的天体世界。太阳并不静止，它也处在运动之中，太阳并不是宇宙的中心，无限的宇宙根本没有中心。人类所看到的只是无限宇宙中极为渺小的一部分，地球只不过是无限宇宙中一粒小小的尘埃。

布鲁诺进而指出，千千万万颗恒星都是如同太阳那样巨大而炽热的星辰，这些星辰都以巨大的速度向四面八方疾驰不息。它们的周围也有许多像我们地球这样的行星，行星周围又有许多卫星。生命不仅在我们的地球上有，也可能存在于那些人们看不到的遥远的行星上……

布鲁诺通过哲学思辨得出的宇宙无限性观念，在思想史上具有无比的重要性。整个近代的宇宙论革命，就是从封闭的世界走向无限的宇宙的。哥白尼的宇宙体系是一个有限的体系，它依然保留了天球的概念。相比之下，布鲁诺超前于时代太多了，他所描述的与无数太阳系并存的无限宇宙图景，差不多300年后才得到科学界的公认。

布鲁诺以勇敢的一击，将束缚人们思想达几千年之久的“球壳”捣得粉碎。布鲁诺的卓越思想使与他同时代的人感到茫然，为之惊愕！一般人认为布鲁诺的思想简直是“骇人听闻”，甚至连那个时代被尊为“天空立法者”的天文学家开普勒也无法接受，开普勒在阅读布鲁诺的著作时感到一阵阵头目眩晕！

布鲁诺在天主教会的眼里，是极端有害的“异端”和十恶不赦的敌人。他们施展狡诈的阴谋诡计，收买了布鲁诺的朋友，将布鲁诺诱骗回国，并于公元1592年5月23日逮捕了他，把他囚禁在宗教裁判所的监狱里，次年2月被押解到罗马，接连不断地审讯和折磨竟达8年之久，但是布鲁诺始终没有屈服！

由于布鲁诺是一位声望很高的学者，所以天主教企图迫使他当众悔悟，以使他声名狼藉，但他们万万没有想到，一切的恐吓威胁利诱都丝毫没有动摇布鲁诺相信真理的信念。一些神甫找布鲁诺交谈，说依他的天资，倘若重新回归宗教，苦心钻研教条，肯定会在罗马的教廷得到高升。他坦然地说："我的思想难以跟《圣经》调和。"

天主教会的人们绝望了，他们凶相毕露，建议当局将布鲁诺活活烧死。布鲁诺似乎早已料到，当他听完宣判后，面不改色地对这伙凶残的刽子手轻蔑地说："你们宣读判决时的恐惧心理，比我走向火堆还要大得多。"公元1600年2月17日，布鲁诺在罗马的百花广场上英勇就义了，一个伟大的科学家就这样

罗马的百花大教堂远景

被烧死了。

由于布鲁诺不遗余力的大力宣传，哥白尼学说传遍了整个欧洲。天主教会深深知道这种科学对他们是莫大的威胁，于是公元1619年罗马天主教会议决定将《天体运行论》列为禁书，不准宣传哥白尼的学说。

布鲁诺不畏火刑，坚定不屈地同教会、神学做斗争，为科学的发展做出了贡献，他的科学精神永存！1889年，人们在布鲁诺殉难的百花广场上竖起了他的铜像，永远纪念这位为科学献身的勇士。布鲁诺被人们称为“继哥白尼之后的天文学家”。

伽利略没有见过这位老学者，但他读过且深思过他的著作，并惊奇这位学者何以会这样强烈而大无畏地替哥白尼辩护？布鲁诺是16世纪末意大利最伟大的哲学家之一，他坚信地球不过是围绕太阳运转的一个行星。他相信宇宙中还有许多星球为其他星群的中心。假如这种说法属实，那么那些遥远的星球世界是不是也有人居住呢？假如地球上的救世主是为罪人而死，那么是否在其他世界也同样地重复上演一次这种神奇的生与死的任务呢？

伽利略伫立在亚诺河的大桥上，大地笼罩在长夏夕阳里。他在凝思中，一阵战栗油然而生，他忆起当日反叛比萨大学校长的情形。那老人强烈压制任何走新奇和怀疑道路的人，似乎自有他的道理。布鲁诺接受了虔诚教徒哥白尼的教言，只落得叛教罪名和审判威胁下的四处逃亡。他在罗马地牢的暗无天日的8年中在想些什么？最后仍难逃被判为异端邪说而被活活烧死的悲剧。

布鲁诺被施以火刑

虽然他知道布鲁诺在这个世界或者下一个世界，都会遭到同样的报应，但伽利略仍划了个十字，心中默祷，在上帝的时代里，错误的人可能知道他的罪被饶恕了。伽利略自问："一个人该热爱真理吗？将身体付诸烈焰燃烧也在所不惜吗？如果我会因此而遭受毒刑拷打，我有勇气接受吗？"

天黑了伽利略才回到家里，妈妈已花费了整天的工夫准备好了饮食，招待她这个出色的儿子。她埋怨他回来得太晚，说她花了一大笔钱买到这些小山羊肉，费了不少时间去烤，可能烤得焦了一些。虽然伽利略心事重重，但为使母亲高兴，在盘子里把食物堆得满满的，但吃起来也不知道什么味道。妈妈在餐桌上抱怨着，橄榄油的价格涨了，孩子米盖和两个女儿的不孝……伽利略心不在焉地回答着。收拾餐桌的时候，妈妈把盘碗弄得发出碰撞的声响。

她斥责伽利略说："你现在有你在帕多瓦的好朋友，你要去公爵避暑行宫做客，你现在是高贵得连妈妈的话也不要听啦！”

伽利略连忙道歉。他想，如果他告诉妈妈说，他现在心里正迷惘着布鲁诺的命运，一个人为了寻觅真理而不顾一切究竟该怎么办，妈妈会怎么说呢？

伽利略在公爵避暑行宫度过的这段时间是很愉快的。那里空气清新，生活悠闲，对他的健康是十分有帮助的，因此关节炎没有再发作。

王子科西莫，只有十余岁，虽不是太聪敏，但十分可爱。伽利略离开王宫回帕多瓦时，这孩子还没有完全学会使用绘图仪的方法，他们约定下一次伽利略来王宫时再继续学。

科西莫笑道：“等我长大统治托斯卡纳时，我一定聘你为我的宫廷数学师。”

望远镜不会做假

大公爵赠给伽利略一些礼物，但并没有永久聘书。伽利略随后也陆续去过几次佛罗伦萨王宫，每次，都受到很好的接待。王宫官员告诉他目前大公爵正忙着替儿子安排婚事，只要等他稍微空闲一点，绝不会让这样一位出色的学者留在帕多瓦。伽利略含笑着谢谢他的好意，心中已决定不再急于进行这桩宫廷求职的事情。他想，假如他不急着回佛罗伦萨，将来职位可能会更好些。

不久，伽利略就把思乡病搁在一边了，他的家务事使他忙得透不过气来。原来，他和玛丽娜的同居生活逐渐不稳定了，经过那么多年的时间，三个儿女已经逐渐长大，伽利略去托斯卡纳王宫访问，以及他平日与达官显要、学者名流的往来，并不会带给玛丽娜丝毫快乐。

玛丽娜当年来到帕多瓦，这年轻的教授虽然负债，在大学圈子里的地位也不很稳定，但她却感觉到，和他住在一起，做他的爱人十分有安全感。她虽然没有读过很多书，但她预测到他将会很成功。她如今敏感地觉得，伽利略的成就愈大，愈会把她丢在一边。他已不再爱她，也不再能满足她现在所需的安全感，即使他们缔结正式婚约也于事无补。

她宣称："我已习惯在帕多瓦的身份地位，他绝不会以妻子的身份带我去宫廷。我现在马上就要迈入年老色衰的境况了，万一他抛弃我，我该怎么办?"

她担心着未来的安全，终于乐意答应一位和她年龄相同的威尼斯男人巴鲁兹的求婚。

玛丽娜把这一计划告诉伽利略后，伽利略质问她道："那我们的孩子怎么办?"

"我们可以把佛琴和丽薇送到修道院住宿。再过一两年便可替她们安排婚姻大事了。如果她们内心感觉，上天要召唤她们去做教会工作，她们可以去当修女。"玛丽娜说道。

"小儿子文辛呢?"

"他还小，需要我在威尼斯照料。他继父答应过会好好待他。同时，只要你有时间，他也可常常去看你。当然，"她很快地加上这句话，“你要定期寄抚养费给我。”

“那是当然的。”伽利略同意。他说得颇愉快，但心中却很舍不得和他喜爱的孩子们分开。然而，他仍然感到如释重负的轻松，孩子们的抚养费和住修道院的费用远比玛丽娜持家管理的费用要少。也许，从现在开始，他可以把债务完全还清，而且可以有些积蓄了。

小儿子随着母亲和继父住在威尼斯，两个女儿住进修道院后，伽利略重新回到他的研究天地里。当他正热衷于教授与研究两项工作时，这时间是在1609年，他获悉一桩来自荷兰的令人诧异的大好消息。

荷兰一景

几个月前，米德尔堡一个光学技师李波尔塞，参与了一桩天文学界有史以来最伟大的发明。当他正在专心打磨镜片之时，突然听到相邻工作室的一个学徒坐在窗台上发出惊讶的叫声。

“发生了什么事情呀?”他问道。

那孩子激动地嗫嚅着说:“师傅，我刚才正遵照您的吩咐打磨这些镜片……”

李波尔塞蹙眉追问:“这就是你像一个粗人那样尖叫的理由吗?”

“师傅，当我把两个镜片对着光，要检查它们是不是擦亮得符合您要求的程度时，我看到——您绝不会相信我从这镜片中望过去所看到的!”

“你如果再把这些镜片混在一起，你这说谎的无赖，小心我给你一顿鞭打!”脾气粗暴的李波尔塞说过后，转身要走。小徒弟虽然很害怕，却也很坚定地走向工作台前，继续说道:“请您不要生气，我敢手按《圣经》发誓，我刚才从窗外看出去，我看到了那钟楼。”

“除了瞎子以外，任何人都看得见。”

这小学徒又说:“看到的东西是上下颠倒的。我看到两只鹳鸟站在市政府烟囱附近的窝里。”

“你是不是偷喝了我的杜松子酒?敢这样不诚实地向我撒谎!”

师傅伸手拿出木棍就要往前挥打，小学徒急忙躲向窗边。

他恳求师傅说:“您亲自来看一下，这些镜片把那些东西拉得好近!如果我说谎，会不得好死。”

“不管你是喝醉了还是说谎，”李波尔塞边说边走近那孩子，将两个镜片接过来。经过长久的观望，这光学技师将镜片仔细地按定在窗沿木板上，然后把它收拾好放在工作服口袋中，双手揉擦着眼睛。

他喃喃低语着："假如这是巫术，为什么我们两个人都同时着迷？你暂时不要向任何人说起这件事，听到吗？继续工作，保持肃静，让我来把这东西仔细研究一下。"

这位制镜技师心中忖度着，当他把这两块镜片距离拿近些时，看到的房屋不但靠近了些，而且也把那平日肉眼只能看到一小点的鹳鸟放大了。虽然那鸟站立的方向颠倒，但却看得十分清楚。他把镜片从口袋中取出来研究。

"原来一片是凹透镜，一片是凸透镜。如此说来，我再用两片镜片，一片凹透镜，一片凸透镜，用同样方法再试试看。"他恍然大悟地说道。

师傅和学徒两人轮流从镜片中观看。两人都同样地激动，都看到第三只鹳鸟，也看到塔顶上更细小的风向标。李波尔塞严肃地握住满脸愕然的学徒的双手，告诉他允许他休半天假，并给他一点钱，让他到附近村镇上去玩半天。

李波尔塞在几小时后完成了镜筒装制，在筒管的两端分别装上镜片，并把它安置在他工作房的窗上吸引顾客。好奇的顾客买了这"神奇镜筒"回去当作玩具。李波尔塞送给摩利士伯爵一件，摩利士伯爵把这新仪器在军事顾问面前展示，问他们这种单管望远镜是否可用作侦察远处敌军在陆上及海上或战场上的军事行动？

现代望远镜

伽利略后来在他那本引起议论的书《星辰信使》中写道——

> 大概10个月以前，我听到来自国外的一项报道，说有一个荷兰人做成一副望远镜，能让人直接看到很远距离的物体，物体就像在眼前，并说已有事实证明它的性能。部分人认为这消息是可信的，部分人认为与事实不符……我接到一封从巴黎来的信说这消息已经得到证实……得知这一消息，我最先想放弃研究望远镜的原理，后来，我却想起我或许可以自行发明一种相同性质的仪器。经我仔细研究光的反射原理后，我成功了。我首先用铅质材料做成导管，在管的两端各装上一侧凸透镜一侧凹透镜。我从镜筒中凹透镜一端望去，可清晰看到物体变近、变大，和肉眼相比，类似于把物体拿近1/3的距离和放大了9倍。很快地我又做成一架，可把物体放大60倍以上。其后我继续成功地制作出能将物体放大千倍的仪器，距离可达肉眼能见的30倍远。

伽利略在仪器上增加了第三镜片，使看到的物体不再倒立。他的第四个望远镜用于向上看。第五个完成时，他家中访客络绎不绝，贵族、学生、农场工人、大学教授等均等候试看。持怀疑论的人至此无法不相信他们自己的眼睛了。望远镜不会说谎，不会骗人。

伽利略在致友人信中谦虚地说：“我对上天致最虔敬的谢意，他让我成为第一个观察神奇事物的人。”

但他也难免在他那位为了嫁妆问题弄得不欢的、吝啬的妹夫面前自夸了一番："到达威尼斯时，我已做成了这种仪器。6天前，我被召进皇宫，皇上已命令将那仪器在全体元老面前展示，引得众人发出惊叹。部分贵族，虽然年事已高，仍愿爬上教堂高楼以便观览远海上的帆船。用这种仪器观察时，这些船只，至少需2小时以后才能进港……陛下深知这种仪器的效用，在军事上、航海上，极需保留一架……我当时决定赠送……我被挽留在元老院中逗留了些时间。检察长普里阿里，也是帕多瓦首长之一，我俩握手言欢。他知道我在帕多瓦大学服务17年，今日又呈赠望远镜给皇上陛下，说已奉令推举我为帕多瓦大学终身教授一职，每年支薪1000金币。由于我在佛罗伦萨原任期只有一年即满，新的薪给从即日开始。"

伽利略微笑着给妈妈讲述这大好消息。他听到妈妈夸赞他说："假如你可怜的父亲能活到今天，看见你这成就，那该多好！"可怜的妈妈，寂寞而辛苦。现在他可以买一件真正值钱的礼物让她高兴高兴了。

他不希望他的望远镜只用在军事上。他第一次听到李波尔塞的奇妙"玩具"时，内心便挑起发明的欲望。他能否重新制造，不，是改良这一个他还不曾见到的机械呢？当他打磨他的镜片时，他试着做各种排列，一会儿这样，一会儿那样，同时他问自己："除了帮助眼睛看远处的船只外，我难道不可以将这望远镜转向天空？"他开始计划他最后、最强力的镜片，用此来开展天文世界的探索与研究。

证实哥白尼学说

伽利略自制的望远镜

每当午夜空中万里无云时，伽利略就进行星辰研究。起初，所见浩瀚壮观的天空使他惊愕踌躇。回到研究室后，他强迫着自己写下刚才观察星河所给他的启示——

“这天河仅只是一大团数不清的星辰围聚在一起，不管你将望远镜朝向哪一部分，一路上全是星星。许多星星极大、极亮，但那些细小的就无法分得清楚。”

后来他又写道：“我已决心要描绘整个猎户星座。但它的数量和需要的时间大得惊人！”

他将纸笔推开，手靠在桌上支撑着脑袋，静静地默想、沉思。

“我会有足够的时间来记录这无尽的苍穹奇景中极微细的一部分吗？”伽利略问自己。他记起他浪费在音乐会和宴会上的时间。现在，他把他的鲁特琴和乐谱束之高阁，只要可能，不再接受任何访问。有时他忙得连准备授课的时间也没有了，甚至他也觉得匆忙得连单独吃饭的时间都挪不出来。

激动中，他爬上观察实验室，心里有些害怕自己是人类当中第一个看到这奇景的人。月亮高挂天空，好像祝福他创新的伟大探险。伽利略忆起他读过的一则奥维德写的神话，说艾克代如何偷窥月亮女神戴安娜，因而被处死刑。有好一阵子他迟疑着，不敢相信他马上要看到的是有史以来人类肉眼不曾见过的东西。他用手将他那长而多的红色头发向后抹起，双目直向天空望去。

这位天文学家不知自己伫立了多久，他完全将自己沉浸在惊奇中。一位侍者带着一件披风爬上楼来，想替他披上，以防他因午夜露气受凉，引发关节炎的老毛病，伽利略竟大声斥责他的干扰，吓得侍者急忙退回。其后伽利略回到书房写道："我敢肯定，月亮表面不平滑，也不是很多哲学家们想象的和其他星球一样的完全圆球形。相反，它表层起伏不平，充满着高低沟壑和峰脊，如同地球上的高山深谷一样。"

他一再研究月球的山峰，计算它的高度。从没有一位天文学者——即使拥有现代最高倍数的望远镜——能对他所测得的数字有质疑。

第二年，1610 年元月，他又有一个巨大的发现。他将望远镜转向木星，看到 3 颗星，虽然很小却十分明亮，2 颗在它的东面，1 颗在它的西面。第二天晚上，他看见这 3 颗星全在它的西面。他的记录这样写道——

木星怎么可能一天在前述诸恒星的东边，而前一天却在其中两星的西侧呢？因此我担心可能是天文学家的计算，将这些星球本身的运转差异忽略了。我焦急等待第二晚的观测，可惜第二晚天空全是乌云。

伽利略用天文望远镜观察星星

第三天晚上天空皎洁，伽利略确信“这位置的变换不是木星而是其他星星。”发现这种情形后的第三晚，伽利略又发现第四颗这种移动的星。他放下望远镜，精疲力竭地踱回书房，想起为什么没有能在第一次就注意到这创世纪的发现。

“不是恒星，而是卫星！”他激动得透不过气来。他推开窗户，身体斜倚伸出窗外呼吸新鲜空气。天空星斗神秘闪烁如小灯。已是深夜，邻近灯光熄灭，一片宁静。整个帕多瓦都沉浸在睡意之中，伽利略重复地默念：“不是恒星，而是卫星！它们像月亮绕地球运转一样地绕着木星转。”

卫星的发现，令人兴奋。现在伽利略的归纳推理与他料想的理论吻合，他自己已进一步证明了哥白尼的学说。

背景知识

哥白尼

哥白尼是文艺复兴时期波兰著名的天文学家，是太阳中心说的创始人。他的太阳中心说的创立，从根本上纠正了地球中心说，揭穿了宗教神学伪造的谎言，对社会革命起了巨大的推动作用。

哥白尼1473年2月19日出生于波兰维斯杜拉河畔的托伦市的一个富裕家庭。由于父母早丧，他从小就由当教士的舅舅抚养。他18岁时来到当时波兰的首都克拉科夫，在克拉科夫大学学习。由于受到意大利文艺复兴思想的影响，哥白尼在那里接受了人文主义的思想，同时对天文学和数学发生了浓厚的兴趣，开始用天文仪器观测天象。

哥白尼画像

哥白尼大学毕业后回到家乡，舅舅为了让哥白尼继承自己的神圣事业，在天主教会任职，就送他到意大利留学，学习教会法律。

1495年，哥白尼来到文艺复兴的发源地意大利，到博洛尼亚大学学习教会法。博洛尼亚大学的天文学家德·诺瓦拉（de Novara，1454—1540）

对哥白尼影响极大，哥白尼在他那里学到了天文观测技术以及希腊的天文学理论。哥白尼把自己的兴趣都放在了天文学的研究上，他利用一切闲暇时间刻苦攻读天文学与数学著作，并坚持观测天象，加上他自己的观测研究，他开始对盛行于欧洲已1000年之久的“地球中心说”产生了怀疑。“地球中心说”是古希腊哲学家亚里士多德提出来的，公元2世纪罗马天文学家托勒密又加以推演论证，使它进一步系统化了。地心说认为地球静止不动地居于有限的宇宙中心，日月星辰都围绕地球运转。教会借助这种理论，说上帝创造了地球，并让它居于宇宙中心，日月星辰都是上帝创造出来用于点缀宇宙的装饰品。这个理论被教会奉为金科玉律，用来统治、愚弄人民，为他们自己服务。

后来，哥白尼又先后进入帕多瓦大学和费拉拉大学学习医学、教会法，但他仍不改初衷，坚持天文学的研究。再后来他在费拉拉大学获宗教法博士学位。哥白尼作为一名医生，由于医术高明而被人们誉名为“神医”。哥白尼成年的大部分时间是在弗龙堡大教堂任职当一名教士。他并不是一位职业天文学家，他的成名巨著是在业余时间完成的。

在意大利期间，哥白尼就熟悉了希腊哲学家阿里斯塔克斯（公元前3世纪）的学说，确信地球和其他行星都围绕太阳运转的日心说是正确的。他大约在40岁时开始在朋友中散发一份简短的手稿，初步阐述了他自己有关日心说的看法。哥白尼经过长年的观察和计算终于完成了他的伟大著作《天体运行论》。他在《天体运行论》中观测计算所得数值的精确度是惊人的。例如，他得到恒星年的时间为365天6小时9分40秒，比现在的精确值约多30秒，误差只有百万分之一；他得到的月亮到地球的平均距离是地球半径的60.30倍，和现在的60.27倍相比，误差只有万分之五。

1506年哥白尼回到祖国，在弗龙堡大教堂担任教士。从此，他获得了一定的物质保障与充裕的时间，来从事他所热爱的科学研究工作。为了研究方便，哥白尼特意选择了教堂围墙上的箭楼作宿舍兼工作室，在里面设置了一个小小的天文台，用自制的简陋仪器，开始了长达30年的天体观测。正是在这里，他写下了震惊世界的巨著《天体运行论》，其中选用的27个观测事例，就有25个是他在这个箭楼上观测记录的。

哥白尼还在这本书中批判了托勒密的地球是静止的理论。他指出，地球在运动时，人们之所以觉得是整个宇宙在转动，犹如人在行船上，不觉船动而觉得陆地和城市后退一样。地球不动是假象，地球绕太阳转动才是事实。

1533年，60岁的哥白尼在罗马做了一系列的讲演，提出了他的学说的要点，并未遭到教皇的反对。但是他却害怕教会的反对，甚至在他的书完稿后，还是迟迟不敢发表，直到他临近古稀之年才终于决定将它出版。在1543年5月24日，去世的那一天，他才收到出版商寄来的这部他写的书。

在书中他正确地论述了地球绕其轴心运转、月亮绕地球运转、地球和其他行星绕太阳运转的事实，但是他也和前人一样严重低估了太阳系的规模。他认为星体运行的轨道是一系列的同心圆，这当然是错误的。他的学说里的数学运算很复杂也很不准确。但是他的书立即引起了极大的关注，驱使其他一些天文学家对行星运动进行更为准确的观察，其中最著名的是丹麦伟大的天文学家第谷·布拉赫，开普勒就是根据第谷积累的观察资料，最终推导出了星体运行的正确规律。

哥白尼知道，他的“太阳中心说”必将给封建教会以沉重的打击，所以他踌躇了很久，直到他已是69岁的老人时，才同意将他的《天体运行论》出版。1543年5月的一天，当拿到这本书时，他已经瘫痪在床一年多了，他只摸了摸书的封面，便欣慰地闭上了眼睛。

哥白尼创立的“太阳中心说”从根本上改变了旧的宇宙观，揭穿了宗教神学伪造的谎言，在科学发展史上具有划时代的意义，从此自然科学便从宗教神学中解放了出来。

“月亮绕着地球转，木星的四个卫星绕着木星转，地球、木星和其他行星绕着太阳转。”伽利略第二天展开他匆匆写下的记录开始读起来，部分写得很潦草，简直无法辨认。他想了一想，笑了起来：“即使是个小孩，只要他能像文辛一样聪明，一定也会懂得，因为望远镜不会做假，就是亚里士多德也要接受我的发现了。”

他把这些发现的经过写在他引起争论的《星辰信使》一书中。许多一直对哥白尼理论有信心的天文学家，读过这本书后都感到喜悦与欢欣。开普勒在写给伽利略的信中说：“这样一桩几乎是胡说的事，真把我给惊喜得发愣了！我真不敢相信，我们以前的争论会以这种方式来解决……我盼望我马上有一架望远镜。”

后来，他自己也制作了一架相同的望远镜。望远镜已不再是天文学家的独有的宠物了。驻威尼斯大使们和航海商人将伽利略的成就传遍欧洲各国。远处国家的皇室立刻要求一架同样的望远镜。奥地利国王鲁道夫急于想要看看这种仪器，却被代表教皇的一位大主教自私地阻止了。在法国，皇太后玛丽亚公开地躺在地上观看天空星斗，吓坏了一群宫中的妇女。

科隆王储斥责《星辰信使》一书不完善，未载明新仪器制造的细节。他建议伽利略将其秘密与他共享，并答应给他巨大报酬。但伽利略在经历过托斯卡纳的教训后已经学乖了，他对国家君主已经失去了信心。甚至，在他接到弟弟米盖的一封长信后，对家族也失去了信赖。

这一次，他那以音乐为生的弟弟，倒不是为了哥哥发明了望远镜赚了不少钱而来向他要钱的。他这次是来劝说伽利略与前述王储合作。他信里写着："希望这次合作能对我的升迁有不少好处。为担保这次升迁，你必须获得佛罗伦萨大公爵的介绍函，寄给我现在的老板。当然，你一定了解，信里言语要措辞美好，我相信你一定能很容易地办到。"至于米盖自己，他说他不要别的，只要一架望远镜。"我虽然不能像一国君主般的酬劳你，但至少，我是你的弟弟。"他这样提醒伽利略。

伽利略收到开普勒的信，最感振奋。开普勒在信中说："在仔细研究过多位天文学术人员的报告后，这位帕多瓦大学教授的报道似属正确无误，而我自己写的《气宇宙志》一书也几乎全属错误。"天文学界权威开普勒的这种勇于认错的精神温暖了伽利略的心，也使他更加能够忍受其他仍继续不断寄来的批评。

伽利略自从有了望远镜以后，声誉虽然与日俱增，但嘲弄和辱骂的风暴也在逐渐加剧，一些较怯懦的科学家常会被诱惑而指责说他是错误的。

这些学者们叫喊着："但亚里士多德说过……"

伽利略回道：“亚里士多德心里常企图发现新真理。他如果有机会用我的望远镜去观察，他一定会改变他的观点的。”

“托马斯·阿奎纳教廷医生说过……你敢否认教廷宣布的真理?”教会人士大声怒吼。

“我是教会忠实的孩子。”伽利略辩护说。

他将很多攻击他著作的争辩搁置一旁，他对命理学一向没有好感。现在他才晓得，在一些人看来，世间只有 7 个天体，太阳和月亮也在其中。“7”这个数字，从远古至今都被视为吉祥数字，怎敢有人增加 4 个卫星上去而把这数字改成 11 呢?

佛罗伦萨有一位贵族名叫西积，他因攻击伽利略而使自己的声誉提高，他庄严地申述：“动物的头上开有 7 个窗孔：两个鼻孔、两只眼睛、两只耳朵和一个嘴。因此，在天上有两个善良的星、两个不吉祥的星、两个领导的星和一个好坏无定、漠然的水星。大自然里和这个雷同的现象，多得不胜枚举。我们可以说，行星的数目必定是 7 个……此外，这些木星的卫星，不是用肉眼就可以看到的，因此，地球不受影响，因此，它没有用处，因此，它不存在。”

伽利略在向人解释自己制造的望远镜的原理（剧照）

西积拒绝在伽利略

的实验室用望远镜观看，可能是他害怕看见木星的卫星。另一位意大利颇有声誉的哲学家黎百里也拒绝观看和拒绝相信，他不久便去世了。伽利略说，他希望黎百里在他走向天堂的路上，可以看到围着木星的卫星。他这句话被攻击他的人引用，说他轻蔑神圣。

伽利略有时虽然很生气，但大多时候，他比他的敌人表现得更沉着、庄严。有时他甚至能以诙谐的态度处理这些他生命中最大的问题。1610 年他写信给开普勒说："你为什么不来这里呢？我们可以听到对这一大蠢事的叫号狂笑……争辩，好像他们有神奇的魔法，可以将这几个新月从天空中驱除哩！"

在这纷乱的争辩期间，伽利略继续不断地向天空搜寻。有一天夜晚，他惊奇地看见土星旁边少了一些侍卫的小星星。他写道："它们突然飞走隐退了吗？难道这镜子真是欺骗了我和许多人？"5 年以后，他把这迷惑而令人不解的侍从星群描述为"手柄"群。由于伽利略仪器的性能有限，他永远不能解释这群神秘的土星星环。

伽利略名气日增的消息使大公爵想起了他。伽利略虽未表示要在王宫觅得一席官职，却曾一再表示想回到故乡佛罗伦萨。大公爵生病时，公爵夫人克丽丝汀央求伽利略替她病中的丈夫绘制天宫图。这项占星工作最使身为科学家的伽得略头痛，但又无法拒绝。伽利略的计算一向少有错误，唯独这次，他告诉公爵夫人，星象显示公爵可以很快康复，而大公爵却不幸很快就去世了。

科西莫继死去的父亲后做上了托斯卡纳君主。虽然他好像忘了他孩童时期约定聘请伽利略为王宫数学师之事，但他仍不时赠送伽利略贵重礼品，同时邀请他到王宫做客。伽利略将新发现的四个卫星命名为“美第奇星群”以纪念大公爵。宫廷大臣温达随即建议伽利略回乡任职。

伽利略得到几个职位，担任两类工作：一是比萨大学首席数学教授的职位，这一职位使伽利略甚感安慰，他曾经被这一学术首府轻视过，如今能如此光荣回来使他感到十分快慰。另一个是担任托斯卡纳大公爵宫廷哲学及数学师，这一职位有权仲裁科学争论事宜。但他的主要工作，温达写道：“将是继续他的科学调查研究，以增进宫廷和城邦国家光荣的利益。”

伽利略很高兴地和他的朋友们谈及：“我的薪金今后将足够家庭开销了。这两样工作都不会再压着我，损坏我的健康。我无需住在比萨，甚至不必在该处固定地排课，我可以安排绝大多数的时间在实验室中。”

这次来伽利略家庆贺的教授中，有一位听了伽利略的话后，摇摇头说：“你是说，你希望继续观测和著作?”

“当然！我会有很多时间用来做发明、写机械学和天文学著作。”

“伽利略，如同很多别的学者一样，我们都认为你是我们这一时代最伟大的有识之士。但是，在许多方面，你却像是一个纯真的小孩。你该知道某些教会的有权势人士，已经在大声攻击你第一本著作的观点。在帕多瓦，你已享受 18 年的完全自由。我似乎无需提醒你，我们威尼斯的统治者，对罗马的权势无所畏惧，必要时可以挺身而出为你抗拒教会的审判。”

伽利略辩驳说：“在佛罗伦萨我也可在托斯卡纳大公爵个人的保护之下。”

“据我们所知，托斯卡纳是在罗马神父的压制下。”

伽利略仍争辩着：“必要时，我会亲自去罗马解释我的望远镜的发现过程。大主教和圣学院都会成为我的朋友，我没有理由去害怕教会的故意审判。”

另有人问道：“难道你觉得这18年来在帕多瓦的生活不快乐吗?”

伽利略回答说：“这是我生命里过得最快乐的时光。在此地我享受到真正的自由，没有自由，我不会有今天的成功。但是我绝不会忘记我父亲提起达·芬奇死在离开故土很远的他乡。朋友们，你们都同样爱你们的故乡，不管它是一个简陋的山村或者是亚得里亚海的天堂威尼斯。对我来说，佛罗伦萨是我的第一的、最亲爱的故乡，我必须回到它的怀抱。”

屋子里静寂了一阵，然后一位年纪最大的教授率先站起来，他说：“我们已经警告过你，伽利略。现在再没什么可说的了。”“朋友们，”他举起酒杯说，“在我们向这位对我们的大学有如此不朽光荣贡献的人离别之前，让我们一起祝福他继续成功和幸福。”

大家干杯的时候，伽利略偏过头去掩饰住自己的眼泪。他觉得再也不可能有那么多忠实的朋友团聚在他桌旁了。

金星盈亏现象

在1610年9月的一个晴天，伽利略回到了他祖先世代居住的城市。佛罗伦萨在这忠心耿耿的后裔眼中，显得格外美丽。白杨迎风招展，蔚蓝的天空含着微笑，比帕多瓦更迷人。他看到围绕着城市的小山、橄榄园、黄土路上的大白牛拖车、羊群徐徐走向市场……眼中露出深深的满足。

从邦维齐的中央拱门可以看到圣明尼阿多教堂在柏树顶上露出的许多塔顶。伽利略一面微笑，一面转身走近亚诺河岸的渔家，看他们从房屋窗户里抛掷捕鱼网。

伽利略经过大教堂、王宫、店铺、寺庙一带，走向母亲的住处，一路上不时伫立回想，幼年时的一切如今又重现在眼前。骡车挤满小街，市场上充斥着小贩叫卖鸡蛋、乳酪的声音，柳条篮中有野兔和吱喳着的禽鸟，掷骰子的人大嚷着运气不佳，一两个乞丐伸手讨钱……伽利略心中有一股冲动，想拥抱他们，只因为他们说的话全是托斯卡纳乡音。

家庭已不再给他麻烦了。妹妹和妹夫变得很亲切，他们非常欢迎这位新任的皇家数学师。两个女儿，穿着修道院的制服，羞怯的、静静的，但却快乐和满足地上前迎接看望她们的父亲。玛丽娜的来信说小儿子文辛一切都有进步。还有，伽利略从今以后再也不会被妈妈的嘀咕打扰了。对于一个半疯、年迈、快进坟墓的长辈的斥骂，还有什么不可容忍的呢?

使伽利略觉得更好一些的是，以后不必一定要和母亲住在一起。除非家里也能建造一座天文观测实验室，不然，他轮流在几个设备豪华的朋友家住，将更恬静些。

伽利略去比萨大学时受到的热烈欢迎使他心满意足。他曾经因贫穷寒苦未能获得一个学位，又因为思想奇异等原因而被该校强迫退学。如今，他已是一位有名的博学之士了，是全欧洲科学界最有名望的科学家之一，也是皇家大公爵的数学和哲学师。

在王宫的一个晚宴上，全体宫廷人士都在聆听他关于望远镜发现的讲解。回来后，他思量着:“我不知道，像这样的黄金日子能有多久? 当我还是一个小学生时，我读到一则故事说，一位立功将军赴罗马饮宴，这位将军为了提醒自己的光荣只是短暂的，便指定一名奴役和他并骑而行，要奴役不时向他耳语:‘主人，你仅是个普通的人!’”

伽利略立刻警觉到，托斯卡纳宫廷中他仍有不少敌人，他不能让自己得意太甚。他的老仇敌，大公爵的叔叔，绝不会忘记那桩挖泥机失败和丢脸的事。西积的愚蠢和报复心，像一只发怒的黄蜂，永无休止地嗡嗡地干扰。还有一个最可畏惧的敌人是马西米提西大主教，他是当地强势家族的光荣人物，也是对美第奇家族最刻薄的一个人。此外，还有其他的敌人，如嫉妒伽利略在天文学方面的成就的学者、一些耶稣会人氏……现在，在一种不安的休战情况下，他们都在静静地等待出击机会。

另一方面，蒙特主教为答谢伽利略赠予他的望远镜，也回赠了一幅镶有珍珠的图画和一封诚挚的书信。耶稣会罗马学院数学家克勒菲神父写信来告诉他，学院很多教授都承认木星的几个卫星存在的事实。最令伽利略感到欣慰的是，他所深深敬爱的开普勒，公开地陈述他已从望远镜中看到了至今仍争论不休的“美第奇星群”。

背景知识

开普勒

约翰尼斯·开普勒出生于公元 1571 年，死于公元 1630 年 11 月 15 日。开普勒是德国近代著名的天文学家、数学家、物理学家和哲学家。他以数学的和谐性探索宇宙，在天文学方面做出了巨大的贡献。开普勒是继哥白尼之后第一个站出来捍卫太阳中心说，并在天文学方面有突破性成就的人物，被后世的科学家称为“天上的立法者”。

开普勒画像

开普勒出生在德国威尔德斯达特的一个贫民家庭，他是一个早产儿，体质很差。他在童年时代遭遇了很大的不幸，4 岁时患上了天花和猩红热，虽侥幸死里逃生，身体却受到了严重的摧残，视力衰弱，一只手半残。但开普勒身上有一种顽强的进取精神，他一直坚持努力学习，成绩一直名列前茅。

1587年开普勒进入图宾根大学，在校中遇到秘密宣传哥白尼学说的天文学教授麦斯特林，在他的影响下，很快成为哥白尼学说的忠实维护者。大学毕业后，开普勒获得了天文学硕士的学位，被聘请到格拉茨新教神学院担任教师，在此期间完成了他的第一部天文学著作（1596年）。虽然开普勒在该书中提出的学说完全错误，但却从中非常清楚地显露出他的数学才能和富有创见性的思想，于是伟大的天文学家第谷·布拉赫邀请他去布拉格附近的天文台给自己当助手。开普勒接受了这一邀请，1600年1月加入了第谷的团队。第谷翌年去世。开普勒在这几个月来给人留下了非常好的印象，不久圣罗马皇帝鲁道夫就委任他接替第谷成为皇家数学家。开普勒在余生一直就任此职。

毕达哥拉斯雕塑

早期的开普勒深受柏拉图和毕达哥拉斯神秘主义宇宙结构论的影响，以数学的和谐性去探索宇宙。他用古希腊人已经发现的5个正多面体，跟当时已知的6颗行星的轨道套叠，从而解释了太阳系中包括地球在内恰好有6颗行星以及它们的轨道大小的原因。他把这些结论整理成书发表，定名为《宇宙的秘密》。这个设想虽带有神秘主义色彩，但却也是一个大胆的探索。后来，开普勒在伽利略的影响下，通过对行星运动进行深入的研究，抛弃了柏拉图和毕达哥拉斯的学说，逐步走上追求真理和科学的轨道。

作为第谷·布拉赫的接班人，开普勒认真地研究了第谷多年来对行星进行仔细观察所做的大量记录。第谷是望远镜发明以前的最后一位伟大的天文学家，也是当时世界上前所未有的最仔细、最准确的观察家，因此他的记录具有十分重大的价值。开普勒认为，通过对第谷的记录进行仔细的数学分析，可以确定哥白尼日心说、古老的托勒密地心说、第谷本人提出的第三种学说中哪个行星运动学说是正确的。但是经过多年煞费苦心的数学计算，开普勒发现第谷的观察与这三种学说都不符合，他的希望破灭了。

最终开普勒认识到了所存在的问题：他与第谷、哥白尼以及所有的经典天文学家一样，都假定行星轨道是由圆或复合圆组成的，但是实际上行星轨道不是圆形而是椭圆形。

就在找到基本的解决办法后，开普勒仍不得不花费数月的时间来进行复杂而冗长的计算，以证实他的学说与第谷的观察相符合。他在1609年发表的伟大著作《新天文学》中提出了他的前两个行星运动定律。行星运动第一定律认为，每个行星都在一个椭圆形的轨道上绕太阳运转，而太阳位于这个椭圆轨道的一个焦点上。行星运动第二定律认为，行星运行离太阳越近则运行就越快，行星的速度以这样的方式变化：行星与太阳之间的连线在相等时间内扫过的面积相等。

在《新天文学》书中，他还指出，这两条定律同样适用于

鲁道夫二世画像

其他行星和卫星的运动。1612年，开普勒的保护人鲁道夫二世被迫退位，因此他也离开布拉格，去了奥地利的林茨。当地专门为他设立了一个数学家的职务。

经过长期繁复的计算和无数次失败，他终于发现了行星运动的第三条定律："行星绕太阳公转周期的平方与轨道半长轴的立方成正比。"这一结果发表在1619年出版的《宇宙和谐论》中。行星运动三定律的发现为经典天文学奠定了基石，并导致数十年后万有引力定律的发现。

1604年9月30日在蛇夫座附近出现一颗新星，最亮时比木星还亮。开普勒对这颗新星进行了17个月的观测并发表了观测结果。历史上称它为开普勒新星（这是一颗银河系内的超新星）。1607年，他观测了一颗大彗星，就是后来的哈雷彗星。

开普勒定律对行星绕太阳运动做了一个基本完整、正确的描述，解决了天文学的一个基本问题。这个问题的答案曾使甚至像哥白尼、伽利略这样的天才都感到迷惑不解。当时开普勒没能说明为何行星按其规律在轨道上运行的原因，到17世纪后期才由艾萨克·牛顿阐明清楚。从开普勒对此运动性质的研究，我们可以看到万有引力定律已见雏形。开普勒在万有引力的证明中已经提到：如果行星的轨迹是圆形，则符合万有引力定律。

而如果轨道是椭圆形，开普勒则并未证明出来。牛顿后来用很复杂的微积分和几何方法将此证明出来了。

牛顿曾说过："如果说我比别人看得远些的话，是因为我站在巨人的肩膀上。"开普勒无疑是他所指的巨人之一。

开普勒对天文学的贡献几乎可以和哥白尼相媲美。事实上从某些方面来看，开普勒的成就甚至给人留下了更为深刻的印象，他更富于创新精神。他所面临的数学困难相当巨大。数学在当时远不如今天这样发达，没有计算机来减轻开普勒的计算负担。

从开普勒取得的成果的重要性来看，令人感到惊奇的是他的成果起初差一点被忽略，甚至差点被伽利略这样如此伟大的科学家所忽略（伽利略对开普勒定律的忽视特别令人感到惊奇，因为他俩之间有书信往来，而且开普勒的成果会有助于伽利略驳斥托勒密学说）。如果说其他人迟迟不能意识到开普勒成果的重大意义的话，他本人是会谅解这一点的。他在一次抑制不住巨大喜悦时写道："我沉湎在神圣的狂喜之中……我的书已经完稿。它不是会被我的同时代人读到就会被我的子孙后代读到——这是无所谓的事。它也许需要足足等上100年才会有一个读者，正如上帝等了6000年才有一个人理解他的作品。"

但是经过几十年，开普勒定律的意义在科学界逐渐明朗起来。实际上在17世纪晚期，有一个支持牛顿学说的主要论点认为，开普勒定律可以从牛顿学说中推导出来，反过来说只要有牛顿运动定律，也能从开普勒定律中精确地推导出牛顿引力定律。但是这需要更先进的数学技术，而在开普勒时代则没有这样的技术。而就是在技术落后的情况下，开普勒也能以其敏锐

牛顿画像

的洞察力判断出行星运动受来自太阳的引力的控制。

不仅在天文学上，开普勒在光学领域的贡献也是非常卓越的。他是近代光学的奠基者。他研究了小孔成像，并从几何光学的角度加以解释说明。他指出光的强度和光源的距离的平方成反比。开普勒研究过光的折射问题，认为折射的大小不能单单从物质密度的大小来考虑。例如油的密度比水的密度小，而它的折射却比水的折射大。1611 年，开普勒发表了《折射光学》一书，阐述了光的折射原理，为折射望远镜的发明奠定了基础。他最早提出了光线和光束的表示法，还成功地改进了望远镜。开普勒还对人的视觉进行了研究，纠正了以前人们所认为的视觉是由于眼睛发射出光的错误观点。他认为人看见物体是因为物体所发出的光通过眼睛的水晶体投射在视网膜上，并且解释了产生近视眼和远视眼的原因。1604 年他发表《对威蒂略的补充——天文光学说明》。1611 年他出版《光学》一书，这是一本阐述近代望远镜理论的著作。他把伽利略望远镜的凹透镜改成小凸透镜，这种望远镜被称为开普勒望远镜。

开普勒还发现大气折射的近似定律，用很简单的方法计算大气折射。他最先认为大气有重量，并且正确地说明月全食时月亮呈红色是由于一部分太阳光被地球大气折射后投射到月亮上而造成的。

晚年的开普勒坚持不懈地同唯心主义的宇宙论做斗争。1625 年，他写了题为《为第谷·布拉赫申辩》的著作，驳斥了乌尔苏斯对第谷的攻击，因而受到了天主教会的迫害。天主教会将开普勒的著作列为禁书。1626 年，一群天主教徒包围了开普勒的住所，扬言要处决他。后来，开普勒因为曾担任皇帝的数学家而幸免于难。

他出版的《哥白尼天文学概要》叙述他对宇宙结构和大小的观点。在《彗星论》中，他指出彗尾总是背着太阳，是因为太阳光排斥彗头的物质所造成。1627 年出版的《鲁道夫星表》是根据他的行星运动定律和第谷的观测资料编制的。根据此表可以知道行星的位置，其精度比以前的任何星表都高，直到 18 世纪中叶，它一直被视为天文学上的标准星表。

他于 1629 年出版的《稀奇的 1631 年天象》中预言 1631 年 11 月 7 日水星凌日现象，并预言 12 月 6 日金星也将凌日，后来人们果然如期观测到了水星凌日，但金星凌日在西欧是看不到的。

不幸的是，他在晚年为私事而感到忧伤。当时德国开始陷入“三十年战争”的大混乱之中，很少有人能躲进世外桃源。

1630 年 11 月，因数月未得到薪金，生活难以维持，年迈的开普勒不得不亲自到雷根斯堡索取。圣罗马皇帝即使在较兴隆的时期都是快快不乐地支付薪水。在战乱时期，开普勒的薪水被一拖再拖，得不到及时的支付。开普勒结过两次婚，有 12 个孩子，经济困难的确很严重。另一个问题是他的母亲在 1620 年由于行巫术而被捕。开普勒花费了大量的时间设法使母亲在不

雷根斯堡市

受拷打的情况下获得释放，他终于达到了目的。但是，不幸的是，他刚刚到那里就抱病不起。1630 年 11 月 15 日，开普勒在一家客栈里悄悄地离开了世界。他死时，除一些书籍和手稿之外，身上仅剩下了 7 分尼（1 马克等于 100 分尼）。

开普勒被葬于拉提斯本圣彼得堡教堂。在“三十年战争”的动乱中，他的坟墓很快遭毁。但他突破性的天文学理论，以及他不懈探索宇宙的精神却成为后人铭记他的最好的丰碑。

开普勒所处的年代正值欧洲从封建主义社会向资本主义社会转变的时期。在科学与神权的斗争中，开普勒坚定地站在了科学的一边，用自己孱弱的身体、艰苦的劳动和伟大的发现来挑战封建传统观念，推动了唯物主义世界观的发展，使人类科学向前跨进了一大步。马克思高度评价了开普勒的品格，称他是自己所喜爱的英雄。

伽利略将实验室布置妥善后，就继续他的天文观测。回到佛罗伦萨后约一个月，他在观测金星时，又有了极不平凡的发现。金星的光亮时而增长，时而消退，一直使人迷惑不解，如今第一次从望远镜中望去，伽利略发觉它极其类似月亮。

伽利略对没有证实的事不敢公开发表，但他却急着想把这重要发现告诉他的同行科学家开普勒。但是伽利略暗忖："假如有人偷看我的信呢？我能用拉丁文写吗？开普勒不懂意大利文，我不懂德文。我如果用拉丁文，任何一个科学家都可看懂我对金星光度盈亏消长的描述……有了！我们在学校念书时都念过诗人奥维德的习用引言，开普勒一定可以了解我用的密码。啊，不，"伽利略感到迷惑，"这引言中缺少我需用的两个字母。我如何将这字母拼进去呢？对了，我总共需用35个字母。"

伽利略好像孩童一样的欢乐，他用密码写信给开普勒说："这些事情尚未成熟到该发表的时候，而我也还不尽了然。"

而开普勒译出来却是："爱之神，金星，模仿着女神，月亮，一样有盈亏消长。"

最后，伽利略终于向世人宣布："金星如同月亮一样是有盈亏周期的。金星现在到达太阳系行星轨道上的一点，恰在太阳与地球之间，仅有部分受光的表面朝向我们。望远镜中所见为半钩形，与月亮在类似位置时形状相同。"

伽利略在研究观察记录

对伽利略来说，这一发现——金星围绕太阳转而且接受其光线，足以证明宇宙的中心是太阳而非地球。有了望远镜，伽利略能够实际地看到这些变化的进行。现在可证明给向天文学者挑战的亚里士多德学派的人看了：各行星都是绕着太阳转动，则金星和火星必会像月亮一样盈亏消长。

伽利略多年来面对不少动乱变动，至此才获得了胜利。现在剩下最后一个需要反驳的，即证明托勒密的错误，这也是哥白尼未能证明的。

罗马的春天

伽利略是第一个对太阳黑子提出研究阐释的人，这一观念甚至比发现金星盈亏现象更为重要。亚里士多德曾宣称太阳是完美无缺的，因此，他的门徒都信奉这一理论，也同时相信宇宙中只有 7 个行星。现在，望远镜清楚地揭开了这项错误。伽利略的太阳黑子观察最重要的结论是，太阳在绕着它自己的轴心转动。这黑子在他望远镜上明确显示是在不同角度看到的。

伽利略现在想起，他必须去罗马一趟，以获取他早已想获得的教廷认可。他感觉到他已从罗马学院的一些受人尊敬的学者们那儿成功地阐释过了哥白尼理论的真实性。现在，时间已经成熟，他该听从克勒菲神父的建议亲自去拜见教皇和他的主教们，让他们了解通过望远镜所发现的一切。这种证实不但对佛罗伦萨的天文学者，对全欧洲天主教国家的科学家们都会有所帮助并带来益处。

罗马一景

这次重要的罗马之行，还存在着比促进真理推行以外更重要的一层意义。伽利略出身天主教世家，从小就是天主教的虔诚信徒，他从不曾有过追随多米尼克教派或布鲁诺倡导的反对教会派系的念头。有时人家说他宣布的事情有违他的信仰，他内心就深深地感受到伤害。伽利略深信，科学与神学是截然不同的两回事。

伽利略心想："现在时间已到，我要赢得宗教权威的认可，让世人都知道自己是一个忠贞的天主教徒。"

回到佛罗伦萨不到一年的时间，在一个春日里，伽利略启程前往永恒之城——罗马。伽利略当时 47 岁，已是中年，患有关节炎，但他披上丝绒斗篷，穿着刺绣的长袍，显得十分潇洒。他还特别珍视另一件饰品——一串纯金的项链，这是几年前，伽利略将木星的卫星群命名为美第奇星群以纪念大公爵世家的时候大公爵送给他的。科西莫二世送了一辆马车给伽利略，任由他支配。他靠在舒适的马车座椅上，想着自己多年来从一个衣衫褴褛、饥寒交迫的学生，变得如今以这样的身份踏上去京城的路途。他突然想念起父亲，想着："但愿他能活到现在，分享这令人难以置信的好运。"

最后，他到达罗马——这世界上最荣耀的城市。伽利略不得不承认罗马比威尼斯，甚至比佛罗伦萨更壮丽堂皇。他观赏着伟大的教堂、皇宫、纪念碑、桥梁、喷泉。他回顾着西塞罗在此论坛上的演讲，将军们带着囚犯从耶路撒冷凯旋。伦敦、巴黎、科隆这些小城市怎能与帝王、教皇的雄伟古堡皇城相比？

台伯河对面耸立着隐约可见的哈德良皇帝壮丽的陵寝，历经风霜雪雨的大块砖石现已改作城堡。每个意大利人都听说过在这座城堡监牢里，多少囚犯迅速被杀，多少被公开处决，令人毛骨悚然，不寒而栗！

在梵蒂冈广场中，伽利略伫立在一座埃及式尖碑前。正是这座纪念碑触发了他对古代机械力学的兴趣。碑石是恺撒搬来

梵蒂冈一景

罗马的，这项公元前的工程居然能有这样的功绩，不禁让人赞叹。重达2000—5000吨的石块如今屹立在圣彼得大教堂前。

伽利略听说过，当这柱轴被放落时，工人们先作告解，然后举行两次弥撒，所有罗马的伟大人物和从其他地方来意大利的贵族们和工人一起跪地祷告。

伽利略冥想着，这些工人是应该受到祝福的，他们为上帝和他的教堂出了力，自己现在也应为他的宇宙和他的子女尽力。

他挺起胸膛，眼内突现光彩。“啊！埃及的托勒密，你曾经统治埃及人心，像这石碑一样，无人敢违逆你，但你的统治已结束了，整个世界即将立刻接受哥白尼、开普勒和伽利略的学说了。很快地你就会成为旧日遗迹，就像我的国家毁掉你的国家的这块石碑一样。”伽利略骄傲地咆哮着，他却绝对想不到在以后的岁月中，他会在这个城市受到怎样的羞辱和痛苦。

但在伽利略第二次胜利地访问罗马时，他的确尝到了征服者、胜利者的甜果。他常自问这到底是不是真实的他？一个羊毛商的儿子，由最有名望的学者、大使来接待，由主教和君主们邀宴共饮。

罗马学院耶稣会的天文学者热烈地欢迎他去参观他们装有精美窗户的大型参考图书室和很多的设备。设备虽多，但却不尽

伽利略画像

完备。身着黑袍的教士接过伽利略带来的望远镜轮流观看天空，有些立刻记录下他们的所见，并匆忙地回过头来，谛听这位来自佛罗伦萨的访客讲解他们刚才所见到的情形。伽利略曾一再访问该学院，并非每一位院士都接受他的见解，但即使在科学上有所争辩，他们对这位杰出来宾的礼貌与态度仍是极为良好的。

贝拉明诺主教，一位杰出的耶稣会哲学家，也参加了在学院举行的望远镜示范说明。他很诚恳地请伽利略针对曾引起争论的《星辰信使》一书作一个说明。在组成委员会的讨论中，大家仅对其中一处略有意见，其余均认同伽利略的看法，伽利略对此十分高兴。

伽利略还拜访了教皇保罗五世，但是情况并不是想象的那样好。教皇仅允许少数教廷中人听讲。他智慧地决定将科学方面的问题留给位置并不太高但有学问且属于教廷的成员去处理。这位世界上最有权力的宗教领袖和这位在这一世纪中最伟大的科学家俩人，只是简单的见面相互问候而已。伽利略弯着他患有关节炎的僵直膝盖行礼，接受了教皇的珍贵祝福。

一部分主教和伽利略有较多的关于天文科学的讨论。这组由有学识的巴伯瑞尼主教所领导的组员，首先向伽利略伸出友谊之手并允诺给予支持；部分有影响力的组员深致倾慕之意；其他许多组员，受巴主教的影响，虽未曾读过伽利略的《星辰信使》一书，也大多表示赞扬。

外国使节及罗马贵族均纷纷邀请伽利略赴宴。一晚接着一晚，以酒宴、音乐及娱乐款待嘉宾，然后对有关新发现召开了讨论会。伽利略的言语极富魅力，常使宾主尽欢。

在众多宴会中，塞西公爵的一次邀请给伽利略印象最深。公爵府里古色古香，富丽堂皇，餐具、家具装饰不是金银珠宝就是稀世艺术古物，而参加宴会的人都是些名媛贵妇、学者专家及各教会知名教士。

菜肴一道比一道丰盛，伽利略饭量平时就很大，今夜他放怀畅饮，一再干杯。伽利略差点为美酒而醉，幸好公爵及时邀请他讲解望远镜发现的新事物，才转移了他的注意力。

主人在座位上起立，向宾客颔首致意。他说道："我们实在显得有些失礼，这么晚在您这样疲劳的时候，还要邀请您来说几句话。但是，对我们大多数人来说，今天晚上的最高潮部分，就是由您这位贵宾之星，为我们大家讲述在您的宝杖下所观察到的星星。"

一位来自威尼斯的金发美女靠近伽利略的耳边咯咯地笑着说："宝杖？他一定是指望远镜，我们的公爵变成诗人啦！"

另外几位宾客附和着说："是呀！我们要试看一下望远镜。"

伽利略有些站立不稳了。这时，他感觉自己就像是站在帝王群中，他暗自思忖着："我伽利略不愧是美第奇家族中的后裔了。"他内心欢腾地想着："我们原是佛罗伦萨有权势的家族，但我却是当中最发扬光大的一个，因为我已成为一个国王——有一支望远镜、一支宝杖。"

公爵问他："您把望远镜带来了吗？"

伽利略点头，说道："在我年轻的时候，参加宴会时我总是把我的鲁特琴带在身边。我常希望乐队会邀请我，在席终人散之前演奏一曲。"

他假装在长袍底下摸索。威尼斯的贵妇微撅起小嘴说："你只带来鲁特琴？我的总督叔叔曾告诉我，他已见过你的神奇望远镜了，我希望……”

伽利略说：“有机会指挥天上的星星跳舞，谁还有兴趣参加地上的管弦乐队呢？很幸运的，今晚天空洁净如洗，我要让你们看到你们这辈子从未看到过的奇景。”他微笑着说：“我有仆人看守着我的望远镜。”伽利略转身对公爵说：“请你告诉大家耐心等着，依次轮流观看。”

公爵颔首答应，有几位漂亮的妇人拍手称好。但一位罗马学院的教授一脸不满的神情，自言自语地发牢骚说：“不该在这样美好的宴会中做什么科学表演。”另一位年事较高的主教，提起长袍，向公爵道歉，提前离开了宴会。他低声地抱怨着说：“我的医生叮嘱我早睡，现在已经超过了我上床的时间。”他觉得此时不宜揭穿伽利略虚伪的炫耀式的表演。

伽利略愉快地带着他的望远镜走上王宫的高塔，其余全体宾客都十分高兴地跟随着主人和伽利略。在塔上四周有石墙的

贵族们轮流用望远镜观察天空

平台上，夜凉如水，微风徐徐。伽利略恢复了清晰、镇定的神智，他不再自负、自大和开玩笑。他将望远镜调整好，开始当起了老师。他解释说当晚的观察很幸运，能看得见木星和它的4颗卫星——“美第奇星群”。

第一个去看的是公爵，观赏结果使他有非常美好的印象。几位贵妇人跟着轮流观看，对奇景十分赞赏。然后是威尼斯妇人，当她站立在望远镜前时，笑着对伽利略说，如果看得合她心意，愿赏香吻。伽利略一笑置之，他刚才已从镜中看到当时的景象，心中止不住一片惊愕。

那妇人从望远镜中清晰地见到1颗行星和4颗卫星，然后，她要求说：“稍等一会儿，让我把它放低一点……可能我会看到。是的，这里是圣约翰教堂、这箴言语录、这亮着的灯。天啊！我看到了门上刻着的献词。”

旁边一位疑心重的天文学者，忘了礼貌，把贵妇人推开。他从望远镜中望去，过了很长时间，他抬头谦虚地对伽利略说：“我当着许多兴高采烈的贵宾们的面说，我必须请求你原谅。我以前很愚笨地相信毁谤你的人，他们说你在你的仪器内预先刻好了观察人该看见的东西。但是，高贵的主东，”他转向公爵，他说他看到了木星，“用这同一镜筒，我如今可以看到我们神圣主教刻在教堂门上的箴言。那些毁谤你的人实在可恶，因为你从未使用过那种诡计。”

伽利略听了他的话后，对自己的忠诚献身科学感到有几分快慰。可是，他这股快慰感立刻就停息了，他发现公爵的来宾都开始对于看、读那主教箴言感兴趣了，而对观察木星星球的热情反而消退了。

“我给他们星星，而他们却像儿童一般转向那彩色球!”伽利略心中感到有些不快。这就好像是他自己变成博览会里要把戏的人，被一群张嘴伸舌的看客围观着。他希望那威尼斯的漂亮妇人忘记她的承诺。他正沉浸在压抑的情绪中，与那涂满口红嘴唇的接触更能增加他今夜痛苦的回忆和羞辱感。伽利略看到她仍是有说有笑，左顾右盼地由一位男士陪着下楼去，这时才舒了口气。

仆人侍候他上床后，他自言自语地说：“醉梦中的赞扬和甜吻已过去。我已渐入老年，应该避开这种宴会。我该把晚上的时间多用在读书和观察天文上，谁知道黑暗会在什么时候来临?”

春天的温暖宜人减轻了他关节炎的痛苦，但他忘记了佛罗伦萨宫中御医的警告：“不要太辛劳、太激动，更不要吃喝过量。”

“我在比萨当学生时，又瘦又饿，从不生病。”他在床上翻来覆去，关节酸痛难眠。他取出御医给他的药物，尝了一点点，做了一个苦脸，又喝了一点，然后把它丢在地上。

伽利略心里想着：“再有名望的医师也不过是一个傻瓜！我不信我伽利略的祖先能够配出可以止住我痛楚的药来。我幸而没有为了要使父亲高兴而继续学医，不然，像这个行业的其他笨蛋一样，我也无法医治自己的病，反而只有咒骂自己愚笨的份儿了。”他一面想着，一面吹熄了蜡烛。

第四篇　暴风骤雨的来临

科学的唯一目的是减轻人类生存的苦难，科学家应为大多数人着想。

——伽利略

乌云密布的天空

6月间，伽利略回到佛罗伦萨，自信已克服了教会可能的对他著作的反对。他也带回了献给大公爵的祝福。大公爵对他这位宫廷数学师能赢得罗马学院的友谊十分高兴。伽利略并宣读了一封枢机主教蒙特的信："假如我们生在古代罗马，伽利略无疑地可以获得在这首府建立纪念铜像的殊荣。"大公爵颔首赞许。他说："你为我们托斯卡纳赢得了很大的荣誉。"

但伽利略争取荣誉和声望的心已突然消失。他好像是一个过于喜爱甜食的孩子，如今只求健康的素食就可以了。他只想再回到他的工作上去。他在罗马生病，虽然短暂却很严重，这使他心生畏惧。假如他真的瘫痪，卧床不起，不能再去观察天文现象了呢？假如他敏锐的脑力因年龄、因病体而退化呢？要完成的工作太多了，但一个科学家究竟有多少心力和时间能独力担当下来！他走向书桌，写下他已学到和知道的、希望能教授给全人类的知识。

伽利略一面整理记录，一面思忖着，布拉赫很幸运，他死的时候，能将他的仪器和观测记录遗留给开普勒，开普勒有能力继承他的遗志并发扬光大。自己是否也能得到这样一位传人呢？

伽利略并没有立刻到书房去从事他希望做的终身事业——为哥白尼理论辩护。他对机械学的兴趣又恢复到在比萨当学生时候那样。当时他研究物体比重的问题——任何物体重量与其排去水容积量间的关系——最后他终于成功地制成了他的流体力学衡量表。

现在他再把这个问题拿来研究，想把它的基本理论的各方面弄得更精确些。

他将阿基米德的观念更加充实化，因此也愈显得和亚里士多德的学说相冲突。伽利略指出，河川上浮现的冰块只因为其比水轻所以浮在水面，与其形状无关。而亚里士多德学说及其门人则坚持后者。伽利略解释说："热胀冷缩的原理，只有水是唯一的例外。"他同时指出，即使是空气也有固定的重量。这一学说打破了被一般人视为"常识"的观念。

这篇论文有助于比重和热两项课题研究的更进一步发展。不幸的是，亚里士多德派学者仍坚持旧说，全力反对。一本攻击伽利略而未具名的小书甚至还传递至最仇恨伽利略的佛罗伦萨主教手中。

伽利略与他的学生，当时任比萨大学数学教授的卡斯特里合作写成一篇颇长的答复，恳切地希望学术界重视思想自由。这封信内说道——

> 我们该感谢改正我们错误的人，不要以为他惊醒了我们的旧梦……我的反对者坚持着旧有理论，他希望大家和他一样无知，好像在瘟疫中死去不见得比在健康世界中活着好……我对一桩简单真理的发现，远远比没有事实根据的长篇大论的诡辩更加重视。

他最后的几句话说得不十分中听，使得某些学者感到不悦。他们仍紧抱着旧理论不放松，不肯把伽利略带来的宇宙新知识融到已知里去。

德国奥斯堡也有攻击伽利略新知的情况发生，使伽利略大为生气。在伽利略第一次宣布发现太阳黑子的时候，英国和德国的著名天文学家也同时有此发现。但现在，有一位匿名天文学家自称是第一个发现这个现象的人；而最令伽利略生气的是，这位匿名学者将他的发现附会以亚里士多德学说的解释。

伽利略仔细地研读那篇报告。本来，辩复匿名文件实在是浪费时间的举动，但伽利略深感真理受到歪曲而无法容忍。因此，在伽利略的论文中，他大胆地宣称他对哥白尼理论的信服。伽利略准备将这一长篇大论以书的形式在罗马出版。

他现在知道已无法再逃避了，他在罗马虽有一次胜利，但接近教皇的朋友们来信告诉他，他的敌人已逐渐在增加，他目前已被可怕的审判会密切监视着。

在佛罗伦萨，忌恨伽利略的敌人已开始公开露面攻击他。他们都知道大公爵不敢违背教皇，他无法庇护伽利略。卡西尼神父以他机灵胜过科学精神的诗人智慧，开始在大庭广众聚会中讪笑伽利略，他说："伽利略，为什么要站在那儿凝视天空？"

很多佛罗伦萨的贵族，为了自己的前途着想，逐渐对伽利略疏远和敌视。宫廷大臣温达，原是伽利略的有力支持者，现已死去。庇护他的大公爵科西莫二世也死了。继位的儿子费迪南多二世，仍是一个小孩，由母亲和祖母摄政。他的祖母克丽丝汀夫人虽仍对伽利略极好，但她也只是把他当朋友，而不是一个科学家来看待；同时，她也老了，权力已逐渐削减。伽利略的地位形势显然已处下风，他心中不由得害怕起来。

而这不利的状况很快就来到，反对的压力迫使他不顾一切地奋起反抗。佛罗伦萨、比萨，尤其是罗马，非宗教的亚里士多德学派学者与宗教人士联合在一起敌视伽利略的学说。伽利略相信，除了亚里士多德学派极端分子外，大多数人终将醒悟。但伽利略想，这也正是表示他忠于宗教的时机。他相信，一个忠实的教徒在追随哥白尼发现的光辉宇宙的同时，也一定会仍保持是一个忠实的天主教徒。无知教士如卡西尼神父等辈，怎么可以还不曾读过新宇宙的书籍就妄称这种学说是邪说呢？

伽利略听到罗马方面将他研究哥白尼学说的书籍列为天主教徒禁书一事，深感震惊。他写了一封长信给迪尼主教，希望他能影响检查委员会的决定。

在写信过程中，推敲字句之间，他的眼睛突然落在他的鲁特琴上。他虽很少玩这把鲁特琴，却常把它放置在书桌上，以此提起他对小女儿佛琴的思念。

伽利略清晰地记得，在帕多瓦的时候，玛丽娜那间覆盖满美丽葡萄藤的屋子里，那个秀丽的孩子伴着他的琴声歌唱，是多么甜美！他想，如今，很少能腾出时间去探望女儿，她如今没有家，只能留在阿切特里修道院中，而自己也只落得孤苦伶仃一个人留在这里。但是，自己能担当两个女儿的监护人吗？自己母亲那暴躁的脾气简直糟透了，自己两个妹妹肯定不会去照料她，她们有自己的儿女要照顾……他拿起鲁特琴，仔细地端详。突然间，他把鲁特琴掷在一边，兴奋地执起笔来记下这瞬间琴弦给他的启示。

在给主教的信上，他写道："想要使《圣经》上的文辞和新理论相调和，就必须有完备的新理论知识，因为仅仅只听一根琴弦之音是无法体会将两根弦调和后的和谐感的。"

对方对伽利略的抗议，虽很有礼貌地作了答复，但这对他并没有什么帮助。教会的代表们继续攻击他和他的某些门徒为异端邪说分子。伽利略决定到罗马去奋斗。

但，罗马不再欢迎他。没有宴会，没有邀请，在这世界上最有名的城市中，不再有高贵的妇女相拥前来观看他奇妙的望远镜。克勒菲神父，虽然他也有些观念与伽利略不同，可是算得上是伽利略的真诚的朋友，他最近也死了。另外，罗马学院的教授们已不再热心称赞他。很多他以前的朋友也都显得冷淡，甚至躲避他。

贝拉明诺主教和几个高职位教士仍诚恳地接待伽利略，但当伽利略提及可能审判的事件时，大家都拒绝讨论，因为这种审判事件是在极度机密中进行的。他们安慰他，要他不必担心审判会太过分，只要他站在教授与著作家的位置上，依照教会对哥白尼的看法原则行事就可以了。

伽利略率直地问道：“对于哥白尼，教会如今所持的最新态度是怎样的呢?”

在这具有相当权威的小团体中，有一个人很耐心地向伽利略解释说，教皇保罗五世从各专家的报告中已经作出决定，最近即将正式宣布禁止“传播太阳为宇宙中心，地球围绕着它而转”的这本书的发行。

伽利略俯首无言，他知道这次的罗马之行已完全失败。事已如此，但还不致受到审讯和被囚的危险，他还可以回到他可爱的佛罗伦萨去。假如哥白尼的学说的确被宣判成禁书，那还有谁敢出头辩护？他感到他以后不再有教书和写作的自由了。

回到佛罗伦萨后，他搬到阿切特里的一座美丽的小山庄。这里风景很好，可以俯瞰佛罗伦萨。他开始修心养性，在花园中种植花草、果树和一些稀有的丛木。有时，偶尔有一个新观念出现，他便立刻放下锄头，奔回书房或工作间记录下来。他开始制造一架能使极细小物体的成像放大很多倍的仪器。

他沉思地说：“多奇怪！在搜索过天空的星星之后，我会对这些在我镜头底下游动的蚂蚁发生兴趣！从月亮到一个小圆石子。有一天，有比我更聪明的人，会从这两样事物中发现我从未梦想到的东西啊!”

在阿切特里山庄，他设计了一间装备有他的望远镜和其他仪器的观测塔。他无法停止观测，即使他不敢再写下他所观测到的一些“奇妙事物”，但他仍可以在这里去发现它。

现在，他的住所离两个女儿住的修道院不远。他身体较好时，会沿着那多灰的泥路走到那冷酷、漠不关心、弃他而去找新情人的玛丽娜那里。室外的潮气迫使他回到屋内，他只得勉强坐在书桌旁。他虽然坐在书桌旁，却无心写信，甚至懒得提笔。他从纸堆中取出鲁特琴放在膝盖上许久，没有拨弄出一个音符。

父女情深

不久，伽利略的小山庄所拥有的静寂，被他弟弟米盖携妻带子及佣人等的侵入而打破了。最小的男孩蹂躏了花园里伽利略最喜爱的花卉；大女儿好奇而贪心，乱翻伽利略的珍贵手稿；女佣坚持在厨房做外国饭菜，把原来的管家气跑了。伽利略试图让强壮却偷懒的弟妇调整家务管理，但却语言不通，弟妇只说德语，伽利略只会意大利语，只得请弟弟出面调解。弟弟习惯于慕尼黑宫廷和茶楼、酒馆音乐手的生活，他说艺术家从不过问家务事，这问题最后只有不了了之。

无可奈何之下，伽利略只好常外出到安静的修道院去散心。他很少见到幼女亚肯吉（当修女后，丽薇改了这个名字），她每次见到父亲，打过招呼后，便走开忙自己的事去了。但每次玛丽亚·塞莱斯特修女，他的长女，获允一小时空闲来陪爸爸时，她总是尽情安慰年老的父亲。

她看到父亲眼睑下面的黑圈，就很关心地问道："昨夜关节炎又痛得没有睡好吗?"得知两个女儿都已计划终身为修女，伽利略也就放心了。佛琴稚气的、甜美的和纯洁的神态显得更有神召的气氛，在她父亲的眼中，她已是天主快乐的新娘。丽薇，她有时郁郁不乐、一言不发，有时会大发脾气，使伽利略想起她情绪不稳定的祖母。他想，修女生活对丽薇倒也很合适，它可以训练她过得更快乐些，可以免除她面对做妻子、做母亲的烦恼。

伽利略问自己："但是，我还要等多久才能有孙儿女呢?"他不会让伽利略家族失去传宗接代的人，他想起弟弟来了。这位不知节省的弟弟在慕尼黑已有个不小的家庭。"我如今还一直担负着侄儿女的教育、嫁妆、医疗费用哩。不久，我还得替我自己的儿子文辛找一个媳妇呢。"

他叹了一口气，想起每次见到文辛回家探亲，这孩子的那一股神气像极了他的叔叔。

"这孩子有着米盖的一切，漂亮和懒惰。"伽利略想到这一点时，无法掩盖心中的失望。这种个性显然不是智慧。"他缺少脑筋和责任心，不如他叔叔，他叔叔还会一样乐器呢。但是，也许等他长大一点的时候会变的。"他如此安慰着自己。

文辛常来小山庄看望他父亲，他对父亲的慷慨全无感谢，对他的声誉也无敌意。玛丽娜去世后，他在小山庄住了一段时期便去比萨念大学。他走后，小山庄更是冷清清的了。

有好几天，伽利略不曾走近过书桌，留下一大堆信件等待回复。他也有意避免上观测塔和工作室。只有花园才能给他一点安慰，当他在他喜爱的棕榈树下休息时，他想起他的女儿玛丽亚和他对话的情景。“我去请凯瑟琳修女替你配药，让你睡得好些。你知道，她是我们的药剂师，很聪明，会配各式各类的药。有时，她让我帮她忙去搜集和晒干药草、编写药包。她说我虽年轻，但很有技巧，她很快就要签请我做她的助手，让我在药房工作哩!”说着，玛丽亚的眼内充满快乐的光辉，“照料我们年长和生病的姐妹是列为真福的。”她说得很轻松。

伽利略说：“但愿我生病时，能有你照料我。”

她脸上突然沉重起来：“真的，爸爸，我时常希望我们院方的规定能允许我去看你。我不要再到外面的世界去，外界使我害怕。但是，能够照料你和整理你的屋子，我会很快乐的。我感激主，成为它的仆人，但我也感到遗憾，必须离开你。”

玛丽亚修女以前很羞怯也很少说话，如今受到父亲的鼓励，像小孩一样，喋喋不休起来。

伽利略低头看着女儿放在那粗糙的灰色修女袍上的双手，她以前和她妈妈一样，有着一双纤巧、红润、尖尖指头的手，如今是一双指甲裂开、皮肤粗糙、颜色灰白、经过积年累月种菜、擦地板做苦工的手。

“我们仍旧遵守圣芳济的贫穷誓言，”这孩子继续说，“和他的兄弟们一样，矢志贞洁和服从。这都不难做到，我们的院长对我们很仁慈，能容忍我们的错误。有时她也免除我们的禁闭义务，年轻一点的修女会十分高兴。”她脸上掠过一丝不常有的笑意，“她们都无法停止谈话。”

“孩子，你仍旧很年轻，长年静肃一定很苦!我记得你以前一直是个话匣子。”

她微笑着说：“我现在非常忙碌，将每天都分成工作和祷告两部分，这两样我都很喜欢。初穿修女服时，我有时会很饥饿地跪着，祈祷时也会如此。”这个害羞的修女脸上浮现着羞惭，“我有时会想起我们在帕多瓦吃的嫩鸡和煎肉。在这儿，圣诞节也没有肉食，而且还有很多的禁戒等着我们去学习和抑制自己。”

伽利略抗议说：“但是，孩子，你身体一直就不太好，这样长期劳力，你需要……”

晚祷的铃声响了，将他的话打断。

“爸，我不需要什么。现在，我已很满足能和基督同在，满足现有的圣餐。”

伽利略感到喉咙梗塞，“我的女儿，我极需你的祷告，为我祷告吧！”

“我常常是这样做的。”她说着，微笑地注视着父亲的眼睛，然后转身，轻拖着那双毛质便鞋走向小教堂。

伽利略不能访问她的时候，玛丽亚获得许可写信给父亲。她的简短信札都是由院中一个老顽固的工友送去小山庄的，里头常常附有她院中花园或厨房的小礼物。她虽只有这一点年龄，但她的信却像一个溺爱孩子的母亲写信给求学在外的儿子似的。

她和他自己的母亲是多么的不一样！伽利略现在虽不再对母亲有所埋怨，但他仍记得很久以前，当他在比萨饱受孤寂和打击时，妈妈的信没有一封不是怨恨不休的。如今，这易动感情的女人已静寂地长眠于地下，伽利略永远不再有怨恨了。

玛丽亚来信会问伽利略是不是又卧床不起。伽利略将信里附来的药草煮了一杯来喝。这是凯瑟琳修女的配方，她祝福他早日康复。伽利略脑中浮现着两个修女的形象——凯瑟琳修女，弯着腰，已是风烛残年的人，他的女儿玛丽亚在一旁祷告，伽利略的心中感到奇特的安慰。

这个温柔的修女给她父亲的信，多数都被留存了下来，但伽利略给他女儿的信却一封也不见了。从女儿的信中可以看出，父亲常写信给她。“我每天都把你的来信小心整理好，一有空闲，我就将它拿出来一读再读。”

有一次伽利略生病了，这位年轻修女用自己特有的方法做了一些饼干让佣工送去。还有一次她送了一小篮子东西，内有四个秋末摘来的梅子，玛丽亚在信上写道：“我最近采了些……假如它不完全合你胃口，你一定也会领情。”第二天她又为父亲用鸡蛋牛乳和糖制成一个布丁送去。

她本身的工作虽然很忙，但只要能为父亲做到的，再苦她都在所不惜。她有一次在信上问他喜欢烤梨吗。另一封信上问他的大袍衣领是否需要洗补。很明显的，她的几位修女姐妹也帮她做这些带有亲情之爱的工作。她告诉伽利略：“我们已把那些修补好的衬衫寄回给你了。”有一次，她警告她父亲留意，虽然他是数学家，但对针线却是外行：“餐巾材料不够，我等着你再寄些布料来。请你注意，那块布必须长一点，因为餐巾短了一些。”

她的牙齿常带给她痛苦，她身体原本就纤弱，再加上修女会的严格规矩，使她更加衰弱。但她从不抱怨那稀少和单调的饮食以及她住处的夏暖冬凉。她认为她的衰弱和忍受都是“无疑的，天父会给我健康，假如是为了我好”。

伽利略为此也十分乐意地常常寄送礼物给修道院。这不是给他瘦弱的女儿的，因为做了修女后便矢志贫穷，世俗的一切物品对她们来说都是无用的。虽然她极需在她坚硬的小草床上铺一件盖布，但从她的信件中找不到有关这些的任何记录，她唯一要求过的一样东西是一本每日祈祷书，她原有的一本已破烂得无法再用。

玛丽亚修女写给父亲的信说：“你送给院长的食物和饮料是院方所收到过的最好的，松鸡和乳酪将供疗养所的病弱者食用。”她又说：“院长非常感谢你送的针线和亚麻布，这正是缝纫室最缺乏的东西。你送的种子将培植在花园里。假如你送来的东西能够解决那些时常上门来乞讨的穷苦人民的温饱，那会更有意义。”

在修道院很少的一点阅读时间内，玛丽亚大概不可能阅读他父亲的科学著作。虽然她生活在这闭塞的小天地里，对外界的事知道得不多，但她仍听说过父亲的名声。有一次伽利略让她看欧洲各地寄来祝贺他的文件，她感到快乐而光荣。她知道只有让她父亲在健康状况许可的情况下回到工作岗位上，才是他唯一最快乐的时候。

但伽利略的写作生活愈来愈困难。他曾想，假如像米盖这样无法无天的孩子能不再打扰他就好了。他不愿与弟弟争辩，但当他听弟弟说到要搬走并谴责他太吝啬时，心中却暗自松了一口气。在过去数月里，他对弟弟一家款待接应，并资助侄儿去罗马念音乐，但最后仍是招来抱怨。米盖叫妻子和佣人收拾行李，准备再回慕尼黑去。

现在，只要健康许可，伽利略便经常安静地坐在书桌旁。但是，他有生以来第一次发现，他竟无法写下一个字，即使只是普通非科学性的文件也无从下笔。他老觉得有人在旁监视着他。他信任他的佣人，他曾尽量地小心谨慎，但他知道，审判会有无数的耳目，他最平凡无辜的陈述，都可能会被引起误会，只因为他曾与“可疑人物有交往”，犯有接受哥白尼的学说的罪过。然而，他觉得如果要他与相知相敬的学生卡斯特里断绝通信，那真不如死去！

但是，这又似乎是天意，是上天的意旨，叫他写下他的伟大作品。

暗伏的危机

天上有 3 颗彗星出现，激发了天文学家的想象力，却更激发了一般无知民众的恐惧，担心大灾难即将来临。这时正是 1618 年“三十年战争”的开始，它带来了恐怖的死亡、瘟疫和饥荒。这场战争夷平了许多大城市，使无数乡村变得荒无人烟，把德国人口整整减少了 1/3。

伽利略健康不佳，无法再继续研究天空耀眼的星象。这时，正逢奥地利君主利奥波德来意大利访问。来到佛罗伦萨的贵宾少不了好奇地要去访问伽利略。伽利略在病榻上告诉利奥波德关于彗星的理论，并称述他早有意作进一步的研究。其后，伽利略听到格拉西神父的一篇有关彗星的公开讲演，其中曾提及其研究的最近发展，但故意不提及伽利略的名字，使得伽利略十分生气。

伽利略不假思索地对此疏忽表示极为不满。他的一位弟子带了一篇有关格拉西的文章给他阅读，使他更加忍耐不住，于是同他的弟子编辑了一篇文章予以付印。

格拉西神父又写了一篇专门针对伽利略的攻击论文，指出伽利略的发现均是剽窃自别的科学家。其中还带有可能会造成巨大伤害的挑拨言辞，他说："伽利略的门徒在文中甚至没有提到哥白尼的理论。是不是因为教会最近已宣告哥白尼之说属非法，而伽利略就不再相信哥白尼的学说了呢？"

伽利略对他部分最可信任的朋友说："我敢回辩格拉西的谎言吗？我可以很简单地以几句话澄清剽窃的攻击，但是，有关牵涉哥白尼学说的事，自从去过罗马以后，我一切都很谨慎，我没有再写过一句有关这些敏感问题的文字。但是，假如我现在宣称我不信哥白尼，这只有给予他更振振有词的机会，我绝不会这样做。假如我完全不理会他的攻击，那又会造成我的理屈，好像我承认了这罪过似的。"

商量的结果产生了几种不同的意见，但有一点大家全都同意：宗教战争，也就是所谓的"三十年战争"，使托斯卡纳这个天主教派的城邦国民，只要有任何对罗马当局持反对意见的，都会导致危险或不幸。战场上的屠杀已因马丁路德革命而掀起，为了压制基督教派势力的扩张，罗马天主教派必然尽一切手段对外作战，对内则清除一切异己分子和邪恶学说，以铲除任何反对势力的存在或潜伏。

路德已放弃哥白尼学说，并宣称哥白尼是愚人，且斥责其对宗教不敬，如此，便没有人再把他的理论视同基督教派了。

伽利略知道，在这宗教冲突最激烈的日子里，罗马随时有可能会判他死刑。审判会会因为他是一个宣誓过的天主教徒，而又已拥有很高声望，足可以领导许多真诚信徒走上错误的道路的罪名来惩治他。

耶稣会实际上已控制了整个托斯卡纳省。伽利略知道，他已不可能从宫廷中获得支持。但在罗马，他的老学生和忠实信徒辛波里阁下，现在是教皇的秘书，在梵蒂冈有极大的影响力。他和另外几位声名显赫的教会人士仍对伽利略有信心，力劝他替自己辩护，并应允支持他。

在格拉西诽谤伽利略后的第三年，伽利略发表了他的回答。他小心谨慎地避免将哥白尼论战牵引在内，既未否认也不肯定那被非难的学说，他说他仍旧相信他能解释这种新的宇宙论。他把这些文稿送给罗马全部审判会会员。有人反对这份文稿的印刷出版，但他们受到教会内一些朋友的影响，终于克服了所有的偏见，允许该文稿付印。

这本论文出版的时候，伽利略已近60岁。长期的病痛，以及对敌人逐渐增加的恐惧心情使他变成一位衰弱的老人。书出版后，好评不断涌来，这又使他恢复了年轻活力。他想要把帽子抛向天空，大声欢呼，活像他俏皮的儿子文辛从罗马传来最新消息一样，因为伽利略的一位喜爱艺术与科学的老友兼保护者巴伯瑞尼总主教最近升上了教皇宝座，成了乌尔班八世，统治天主教世界。他赞赏过伽利略的发现，在一封赞扬的信上，自署为“你亲爱的兄弟”。

伽利略的希望并没有得到认可，巴伯瑞尼任总主教时很年轻，认为要想调和科学和宗教信仰没有多大困难。他鼓励自由思想，甚至在就位后，他对教会给哥白尼著作的禁令仍不以为然。他说：“这绝不是我们企图要做的，如果是在我们的手中，这道禁令绝不会颁布的。”但是，这三角皇冠一经戴在乌尔班的头上，他不但要面临逐渐增加的偏执和盲从，而且路德和加尔文的革命，使得血腥遍布世界的各个角落，他不得不放弃他以前的自由主义。

但此时，伽利略仍深受乌尔班教皇的热情款待。1624 年春天伽利略到罗马庆贺教皇登基时，乌尔班曾私下接见过他几次，并赠给他儿子文辛教育奖学金。他送给他老朋友一幅镶有金框的图画、一面银质勋章和一些他接受荣誉时的小型圣职相片。

格拉西及其一派即使深感不悦，也只有埋在心底，而伽利略和其他自由思想者的朋友们则公开表示欣慰。他们都不再担心伽利略的前途，因为乌尔班教皇有封长信给托斯卡纳大公爵，信中对他的宫廷数学师赞美有加。

给年轻大公爵费迪南多二世的信中，教皇写着：“我们发现他不但声名卓著，且忠贞虔敬，确实应该受到我们的敬重，也希望阁下多多给予关注，这是我的荣幸。”

伽利略回到小山庄后，就开始从事他早已想写成的晚年巨著。虽然他心里对审判会的警告有所禁忌，但他还是决心坚定地写下他长期从事哥白尼理论的研究与发现，并确认该理论确实是真理。

在病痛和对来自罗马的惩罚的害怕中，伽利略曾受到托马索·康帕纳拉的莫大鼓励。这位大无畏的自由斗士也是属于多米尼克教派，1595 年他在帕多瓦大学时，即配合伽利略对亚里士多德的死党派进行过挑战。宗教法庭曾将他判处监禁，但很快又释放了。其后他又因被控从事政治密谋再度入狱，在狱中他曾受刑罚，然后被判死刑，最后缓刑而改判终身监禁。经过27年的监禁，他由宗教法庭审判会假释在外，终于恢复自由。

但康帕纳拉神父从不畏危险，他在他家乡卡拉布里亚又牵涉一桩阴谋案，被迫从意大利逃到法国，当地宗教机构不但予以庇护，还赠予年俸。这一个大无畏的亡命之徒，5年后在巴黎居住，最后在多米尼克修道院中安详地去世。

康帕纳拉在那不勒斯监狱中已证明，黑狱中的自由光芒是最亮丽的。他在此完成了他有名的著作《为伽利略辩护》一书，经由走私者送至法兰克福，于1616年出版。

这书如果只是为伽利略及其学术而辩护，则伽利略将把它视同一般恭维他的文章看待。但这本书的内容并不只是为伽利略辩护，其中还包含了康帕纳拉神父对科学非常富有见地的精辟立论。他指责对经文经典无知的结果是造成发展新科学的阻

法兰克福一景

碍。他对嚣张狂傲的圣职人员大加挞伐，他写道：“他们现在自命为教师，而耻于做学生再去学习。”他抗议：“科学仅被允许去观察，而教会却坐在那儿做评判。”

这位殉道者对科学观察方法的反抗辩解，正是伽利略多年来所引用和推展方法所遭遇到的困境。在审判会给予警告的几年里，伽利略对康帕纳拉神父的前车之鉴心怀恐惧。伽利略自忖：“康帕纳拉神父不畏牺牲的勇敢精神，实在可佩！但是，我是否也有这份勇气去追随呢?”

“我必须要非常的谨慎。”伽利略决定，如果能谨慎些，一个人仍可把真理得以伸张，而免去牢狱之灾。

代表伽利略成就最高峰的伟大著作，最后终于完成。他根据该书的重点内容，把书名定为《关于托勒密和哥白尼两大世界体系的对话》（简称《对话》）。他一再校读这部巨稿，时而增加一言，时而减去一语。到完成时，他的头脑已不胜负荷，他最后静静地休息了好几天。

“我必须好好休息一番，”他想，“到罗马后我不能再有迷糊不清的情况，我必须全力以赴。”

伽利略知道，这部《对话》如能在罗马出版，肯定能畅销。他早准备把这本书送到梵蒂冈审查会诸成员们的手中。

印刷事业的发达有助于新思想、新观念的传播，城邦王国和教会当权者都认为这是很危险的一桩事。这时，审查权并不只限于教会。莎士比亚曾谨慎表达他对政治与宗教事务的意见。在以基督教为国教的英国，莎士比亚也必须先获得一纸许可证才能使他的剧本得以付印。在罗马，教皇有权禁止审查会认为非法的任何书刊发行流通。

背景知识

莎士比亚

莎士比亚是英国文艺复兴时期伟大的剧作家、诗人，欧洲文艺复兴时期人文主义文学的集大成者。他是“英国戏剧之父”，本·琼斯称他为“时代的灵魂”，马克思称他为“人类最伟大的天才之一”。他还被称为“人类文学奥林匹斯山上的宙斯”。虽然莎士比亚只用英文写作，但他却是世界著名作家。他的大部分作品都已被译成多种文字，其剧作也在许多国家上演。他于1616年4月23日病逝。

莎士比亚于1564年4月23日生于英国中部沃里克郡埃文河畔斯特拉福镇的一位富裕的市民家庭。其父约翰·莎士比亚是经营羊毛、皮革制造及谷物生意的杂货商。1565年，当时莎士比亚4岁，他的父亲被选为“市政厅首脑”，成了这个拥有2000多个居民、20家旅馆和酒店的小镇镇长。他少年时代曾在当地的一所主要教授拉丁文的“文法学校”学习，掌握了写作的基本技巧与较丰富的知识。

莎士比亚画像

小镇经常有剧团来巡回

演出。莎士比亚在观看演出时惊奇地发现，小小的舞台，少数几个演员，就能把历史和现实生活中的故事表现出来。他觉得神奇极了，深深地喜欢上了戏剧。他经常和孩子们一起，学着剧中的人物和情节演起戏来，并想长大后从事与剧本相关的工作。历史学家乔治·斯蒂文森说，后人从一些文字资料中大概勾勒出莎士比亚的生活轨迹：因父亲经商失利，14岁的莎士比亚只好离开学校，给父亲当助手；18岁时他结了婚；20岁后到伦敦，先在剧院当马夫、杂役，后入剧团，做过演员、导演、编剧，并成为剧院股东；不到21岁，他已有了3个孩子。他的妻子比他大8岁，莎士比亚对自己的婚事常常感到遗憾，在他的作品中曾说："女人应该与比自己年纪大的男子结婚。"不过，他对辛勤持家、抚养孩子成人的妻子依然关怀备至。1586年，富于进取精神的莎士比亚随一个戏班子步行到了伦敦，并找到一份为剧院骑马的观众照看马的差使。这虽然是打杂，但毕竟跟戏剧挂上钩了。莎士比亚尽力尽心地干这个工作，而且干得很好，骑马来的观众都愿意把马交给他。莎士比亚常常忙不过来，只得找了一批少年来帮忙，他们被称为"莎士比亚的孩子们"。

莎士比亚头脑灵活，口齿伶俐，工作之余，还悄悄地看舞台上的演出，并坚持自学文学、历史、哲学等课程，还自修了希腊文和拉丁文。当剧团需要临时演员时，他"近水楼台先得月"，再加上他的才华，他终于能演一些配角了。演配角时，莎士比亚也认真演好，他出色的理解力和精湛的演技，使他不久就被剧团吸收为正式演员。

那时候，伦敦的剧团对剧本的需要非常迫切，因为一个戏要是不受观众喜欢，马上就要停演，再上演新戏。莎士比亚在坚持学习演戏的同时，还大量阅读各种书籍，了解自己祖国的历史和人民不幸的命运，他决定也尝试写些历史题材的剧本。

1588 年前后他开始写作，先是改编前人的剧本，不久即开始独立创作。当时的剧坛为牛津、剑桥背景的“大学才子”们所把持，一个成名的剧作家曾以轻蔑的语气写文章嘲笑莎士比亚这样一个“粗俗的平民”“暴发户式的乌鸦”竟敢同“高尚的天才”一比高低！但莎士比亚后来却赢得了包括大学生团体在内的广大观众的拥护和爱戴，学生们曾在学校演出过莎士比亚的一些剧本，如《哈姆雷特》《错误的喜剧》。

27 岁那年，莎士比亚写了历史剧《亨利六世》三部曲。剧本上演后，大受观众欢迎，他赢得了很高声誉，逐渐在伦敦戏剧界站稳了脚跟。

莎士比亚虽受过良好的基本教育，但是未上过大学。他在 16 世纪 90 年代初曾把他写的两首长诗《维纳斯与阿多尼斯》《鲁克丽丝受辱记》献给勋爵，也曾为勋爵写过一些十四行诗。借助勋爵的关系，莎士比亚走进了贵族的文化沙龙，使他有了对上流社会进行观察和了解的机会，扩大了他的生活视野，为他日后的创作提供了丰富的源泉。从 1594 年起，他所属的剧团受到王公大臣的庇护，称为“宫内大臣剧团”；詹姆斯一世即位后也对其予以关爱，并将其改名为“国王供奉剧团”，他和团中演员被任命为御前侍从。剧团除了经常进行巡回演出外，也常常在宫廷中演出，莎士比亚创作的剧本进而闻名于社会各界。

1595 年，莎士比亚写了一部悲剧《罗密欧与朱丽叶》，该剧上演后，莎士比亚名霸伦敦，观众像潮水一般涌向剧场去看这出戏，并被感动得流下了泪水。这部剧中，作家写了自由爱情的可贵，谴责了封建制度对爱情的迫害，歌颂了理想的爱情。

莎士比亚环球剧场外观

1596 年，他以他父亲的名义申请到“绅士”称号和拥有纹章的权利，又先后 3 次购置了可观的房地产。

1599 年，莎士比亚已经家产极丰，他所在的剧团建成了一个名叫环球剧院的剧场，他当了股东。他还在家乡买了住房和土地，准备老了后回家备用。不久，他的两个好友为了改革政治，发动叛乱，结果，前者被送上绞刑架，后者被投入监狱。莎士比亚悲愤不已，倾注全力写成剧本《哈姆雷特》，并亲自扮演其中的幽灵。

莎士比亚在伦敦住了 20 多年，而在此期间他的妻子仍一直待在斯特拉福。他在接近天命之年时（1612 年左右）隐退回归故里。

圣三一教堂

1616年4月23日，莎士比亚在其52岁生日时不幸去世，葬于圣三一教堂。他死前留有遗嘱。他的两个据说比较可靠的肖像是教学中的半身塑像和德罗肖特画像，手迹则有6份签名和《托马斯·莫尔爵士》一剧中的3页手稿。

1623年，演员J.海明和H.康代尔把莎士比亚的剧作印成对开本，收录了他的36部作品（其中20部作品是首次付印），人称“第一对开本”。

从1772年开始，有人对于莎士比亚戏剧的作者不断提出过疑问，并且企图证实作者是培根、C.马洛、勒特兰伯爵、牛津伯爵、德比伯爵等等，但都缺乏证据。

莎士比亚一生写过许多剧本和诗集，其中代表作包括：四大悲剧——《哈姆雷特》《奥赛罗》《李尔王》《麦克白》；四大喜剧——《第十二夜》《仲夏夜之梦》《威尼斯商人》《无事生非》（又译为《皆大欢喜》）；历史剧《亨利四世》《亨利六世》《理查二世》等。

莎士比亚的戏剧多以广阔的背景和生动、丰富的情节来表现历史和现实的内容，以鲜明的个性显示丰富而深刻的主题。

在表现方法上，不受任何清规戒律的限制，崇高与卑下、可笑与可怕、英雄与丑角奇妙混合，时间、地点可以随便转移，情节有单线、双线、三线和多线，把笑剧、闹剧、风俗喜剧、传奇剧、悲剧等因素融会在一起，服从生活描写和性格表现。在语言上有韵文，也有散文，把谚语、俗语、民歌都引进了戏剧舞台，词汇非常丰富，并使人物语言性格化。

莎士比亚的全部作品的基本思想是人文主义或称人道主义，用他的语言说，就是“爱”。他的作品就是“爱”的观念多方面的表现。人文主义是新兴资产阶级反封建的思想武器。莎士比亚的作品反映了新兴资产阶级的理想。他生活感受深，善于思考，艺术修养高，作品的形象性强；他吸收了欧洲各国的新文化、新思想，因而他的作品深刻而生动地反映了16至17世纪的英国现实，集中地代表了整个欧洲文艺复兴的文学成就。

罗马的审查员读过《对话》后究竟是怎样的情形？传说纷纭。数百年来历史学家争辩议论这一审查的限制，以及命令伽利略修改之处究竟何在。伽利略的敌人后来坚称是在要求伽利略获得教会出版许可前先予以更正，而伽利略答应照办；伽利略的拥护者却同样大力宣称伽利略不曾修改过一字一语。

伽利略回到佛罗伦萨后，这事情仍未解决。他不断与罗马审查会有函件来往，经过一年多的沟通仍没有结果，伽利略于是将该书在佛罗伦萨出版。他首先将手稿送给托斯卡纳的代表审查会，再通过该会与罗马交流与沟通，佛罗伦萨审查会签字准予出版，签准官员中列有教会总审查员的姓名。

《对话》问世

在1632年，《对话》终于出版了。欧洲最伟大的一些学者都来信热烈地道贺、赞扬。伽利略对康帕纳拉的赞扬最为重视，康帕纳拉说："这是真理的文化复兴时期……这些新系统和新观念掀开了新的纪元。"

对伽利略来说，经过许多辛劳后所得到的休息，将使他展开另一段新的、快乐的生活。他最害怕不能完成的著作终于完成了，并公之于全世界人士面前。他的信仰记录，在他入土之前传于后世，使人类受益，也使他自己名声不朽。他的独子文辛，在比萨大学学习法律，毕业后娶了一位娇美玲珑的女子薛蒂莉为妻。伽利略希望不久即可抱孙子。这位老人祈祷着他的子孙能比他更光耀门楣，更有成就。

伽利略兴奋地阅读着致贺他新著作的来信。有些评论如果明显地偏颇或吹毛求疵，他则放置一侧不予理会。"我绝不再浪费我的精力回答这些攻击了。我的书受到最卓越学者们称赞，他们认为这本书是该世纪最杰出的著作，这就够了。"他说。

但是，他很惊异，为什么罗马方面没有来信。诚然，他的朋友教皇乌尔班和他的一些顾问正忙于战争。基督教派的将军即瑞典的阿都发斯国王，赢得几次胜仗，这无疑使教廷人士忧心忡忡。罗马学院的人可能正为着最近意大利流行的恐怖瘟疫而发慌。这瘟疫使许多地方的交通和通信受阻。因为检疫的限制，《对话》最近也没有办法寄往罗马；即使寄到罗马，收件人、送件人的收件与送件都可能会出现问题。伽利略想起一个送信孩子在从罗马到佛罗伦萨的途中因瘟疫变疯而死的故事，有些不寒而栗。听说，这个精神狂乱的孩子最后把邮袋的书信全部撕毁在他身旁。

在一个秋高气爽的早上，这位科学家正在他花园中的树下散步。他的体力未能允许他再去修剪树枝，因此他感到悲伤。医生警告过他，如果用力过度会造成更痛苦的伤裂。

伽利略坐在一棵他喜爱的橄榄树下的一张长着青苔的石凳上，顺便等待园丁的儿子。他今天一早便去佛罗伦萨办些差事，然后将这一星期的朋友信件和儿子文辛的新消息带了回来。伽利略叹了一口气喃喃说道："感谢上帝，让瘟疫放过我的孩子和他的妻子与小孩。但是，这孩子好像没有长进，他一直还不曾从我替他安排的政府小职员的职位升迁过，这孩子非常愚蠢，他期望着我替他还那些债务。他已不满足于我给他准备作结婚礼物的那所房屋。"文辛在前不久不常有的探望中曾提及建造一所较大的房屋，这样一来，他妻子家的人也可以一起来住。

伽利略正在想着这些不太愉快的事时，门咔嗒咔嗒地响了。园丁的儿子踌躇不前地站在那里。光线虽然很昏暗，伽利略仍看得见他手里拿着一大把信件。

伽利略高兴地问他："你为什么站在那儿发呆？厨师在等着你买的蛋，我在等着你取回的信哩。"

那年轻人把信递交到伽利略伸出的手中。伽利略这时才注意到这孩子脸色苍白，手在发抖。这孩子做错了什么事，害怕惩罚吗？一定的，他一向在这屋里是随便惯了的。也许这孩子不听话，偷偷骑着那匹白驴进城，在路上把驴弄跛了？或者——伽利略脸色也变白了——莫非是这孩子去敲文辛的屋门时，门锁着了？文辛和他的妻子、儿女，都因瘟疫死了！

“发生了什么事？”伽利略焦急地问道。

这孩子恐惧地嗫嚅说：“先生……先生……我不得不告诉您……”

“我的儿子文辛怎么样了？他的家人？”

“我和他的夫人谈过话，她说他们都很好，感谢上帝，他们向您问候。但是，先生，请原谅我……”

伽利略在胸前画个十字，虽然把心放下了，但却更是忍耐不住。

“原谅你什么？你不会是又丢了你的钱包吧，你篮子里都盛得满满的。假如你把我的驴儿骑坏了……”

“没有，先生。是比这还严重的事。原谅我带回来了坏消息。在市场里，我遇到——我不敢提他的大名，因为这是偷听到的……”

“不要提名字?！是什么坏消息？”

“他看到我手中的这封信，这长长的信封，印有教廷的官衔。他和我一样，也不识字，他只是佛罗伦萨审查会的仆役，但他知道这封信。他昨天在他的主人桌上看到这信封，是刚收到的。他听到他主人说……”

伽利略努力控制他不断升高的恐惧，说：“你把这些食物送到厨房去，不要再提市场上听来的闲话。”

园丁的儿子转身，像是遵照吩咐去了，但他注意到主人全神贯注在读信，没有注意他的动作，他便躲在一片矮树丛后面。老人读过那单页的信后，把信丢在地上，本想站立起来，可是脚软无力，又跌坐在长着青苔的石凳上。

伽利略心中想到的第一桩事是，现在他要离开这里好几个月，假如不是永久的话，将不能见到玛丽亚。玛丽亚已被分派在修道院的药房工作，她的工作太辛苦，她已十分衰弱。院中病人也有被瘟疫侵袭的。假如他现在离开她，她可能活不了多久，即使他能回来，也不一定能再见到她。这封从宗教法庭来的信，命令他立刻前往罗马审判法庭报到，不得延误。

艰辛的挑战

惊吓加重了伽利略的关节炎的病痛，关节炎折磨得他几个礼拜无法起床。佛罗伦萨印刷商传言伽利略的《对话》已遭禁印，如伽利略不能获得罗马方面的解禁命令，这书将不再印刷了。

医生要求他要彻底休息。医生说："即使你能出门，在这湿气大、天气坏的情况下，出远门也非常危险。瘟疫也还正在猖狂蔓延，你如果在路上和这些患者混在一起，难免不被传染，以你现在的衰弱状况，准死无疑。"

伽利略咆哮着说道："审判会叫我去报到，不就是判了我死刑吗？我还怕什么瘟疫？你为什么要阻止我去与敌人作战？"

他企图起床，可是立刻又躺下喊痛。

医生恳切地说："不是我要阻止你去，是你的病情需要休息。你该知道你已年近70，而多年来你一直都在生病。"

伽利略又另外请教了两名佛罗伦萨的名医，他们一致认为这种情况出远门，的确是死路一条。三位医师一道去见审判会当局，审判会将种这情形向罗马报告，说伽利略自己愿意前来受审，但医方报告要求延缓。另外一位佛罗伦萨高级官员也写信给罗马当局说："可怜的伽利略卧病在床，随时可能到另一世界报到而无法前来罗马。上帝说过：'我不要求罪人死去。'"

审判会并不希望伽利略死在受审之前。这起诉既已发出，当局计划自行判决处理。受苦中的伽利略也知道，越是拖延对他越是危险。

卡斯特里写信给伽利略说："你的审判者最希望你不来罗马出庭，这样他们就可以公开宣告你的抗命和反叛……因此我希望你能克服体力和气候上的困难，将自己交给上帝，赶快来；我认为你有克服一切困难的希望。"

伽利略想尝试克服身体上的病痛而准备启程，但经受不住马车的颠簸，他感激地接受了大公爵派送来的担架轿子送他去罗马。临行前，他把家务安排就绪，写信给女儿，他虽被允许可以直接到配药室见玛丽亚，但他不忍看到女儿的眼泪，于是叫文辛带着两个孙儿女来山庄道别。他用手杖支持着走到火炉侧的一张舒适的靠椅上休息，文辛一家人来到的时候，他已无力坐起，只得回到卧床上。

宗教法庭宣布10月开庭，伽利略的这段恐怖、不安的生病日子却一直延续至11月。黯淡无光的圣诞节就要到了，更让这位失去欢乐和不知所措的科学家感到苦恼。最后，佛罗伦萨传来罗马的命令，如果不立刻自动前来，当接受拘捕传讯。这一屈辱、卑鄙的威胁迫使伽利略和他的朋友、他的医生放弃休养主张，让他忍耐着病痛，由仆人抬上担架轿子启程。

整整3个礼拜，伽利略躺在担架轿垫上，心里被各种预感煎熬着，身体被病痛侵袭着。正月里从亚平宁山脉吹来的寒风细雨刺骨奇痛，强壮健康的年轻人都不易忍受，更不用说这衰弱的老人了。这真是一场漫长而又缓慢的炼狱生活。

因为瘟疫仍然非常猖狂，伽利略等在近罗马边界处便被截停了下来，要等几个礼拜的检疫留守。这一延搁加深了他的苦恼，旅行已使他吃不消，如今，他真疑心自己是否能够活着到罗马。最后他们获准进城，他已衰弱得头晕目眩，连前来迎接他的朋友他都认不出来了。

1633年1月，第一个走近担架轿子和他握手的人是佛罗伦萨驻教廷大使尼柯里尼。伽利略前几次访问罗马时，尼柯里尼曾在他罗马的住所里热情地招待过他。尼柯里尼不是趋炎附势的小人，他拒绝了其他朋友不要迎接伽利略的劝告。他时常写信给大公爵费迪南多二世，劝说这胆小的统治者运用他的影响力照料伽利略。他甚至不怕引起教皇的不快，而不顾审判会的规章制度，和教皇讨论未来审讯的事情。

这位大使将伽利略接入使馆，安置他住在他以前住过的舒适的房间里，并由以前招待过他的人侍候他。尼柯里尼还亲手替他调配饮料，这一切使伽利略感激得落泪了。

伽利略告诉尼柯里尼说："你待我这么好，好像我是你的父亲，我儿子也从来没有这样照料过我。我家里只有玛丽亚真正爱我。"他说着，想要坐立起来。"现在，我必须写封信给她，告诉她我已平安到达。"

尼柯里尼轻推着让他躺下，并告诉他说："我会亲自写信给她，你这时候一定要休息。"他指示佣人将厚厚的锦缎窗帘拉下，"你先睡睡。迟些时候，你精神好些了，我们再来谈谈我已经知道的有关审讯的事情。"

第二天，尼柯里尼拉近一张椅子靠着壁炉，让伽利略舒适地坐着，他自己则坐在一张小绒凳上，两人开始聊天。

伽利略迷惘地问道："为什么我的许多老朋友和同道人士都对我不满意？我知道多米尼克教派学者迟迟不能接受——其实是没有必要的担心——以为我的观念会损害他们的托马斯·阿奎纳士气，但其余的人为什么也伙同一气说我的不是呢？"

尼柯里尼不禁大笑着说："以你的智慧，在世上活了这样久，怎会问出这种天真幼稚的问题来？这些显要们上次热衷观看你的望远镜时，你的声名就已太盛。为什么很多对科学没有兴趣的人也参加到敌对你的那一边去了呢？"

说至此，他又凄苦地一笑说："我小的时候，常到乡下我的保姆家去玩。有一天我惊恐地看到一群小鸡围着啄一只流血的母鸡，我问保姆道：'为什么它们要啄伤这可怜的母鸡呢？'我记得保姆是这样凄凄地回答我的：'孩子，鸡也和人一样，当它们发现它们当中的一只有困难时，会联合一起把它啄死。'"

"也许你是对的。但最使我感到不解的是，听说教皇陛下也转而反对我。你知道，他当主教时便和我有很好的友谊，曾写诗赞扬过我，甚至写给我的信，末尾也用‘你亲爱的兄弟’作称呼。如今……”

尼柯里尼打断他的话说：“这样说来，有关教皇变心的谣言并没有传到佛罗伦萨？我实在不愿再重述这种无稽谎言，但是，你也该了解一下，以便替自己辩护，这谣传早已传遍罗马每个角落。我个人绝不相信乌尔班教皇会降格到这样！但据说，他认为你对他是严重地犯了亵渎神圣教会的罪。”

伽利略气急败坏地说：“我从来不敢梦想对乌尔班教皇有任何的冒犯啊！”

“不要激动，你必须面对这事实。我第一次阅读《对话》，也没有那种感觉。后来，他们给我证据……”

“证据？”伽利略惊呼起来。

“你如果不沉着地听我讲，我就不再告诉你什么了。”大使警告他说，“对我来说，这‘证据’根本不叫证据。我是你的朋友，也许在替你说话。但好几位你的敌人，拿那一段文字给我看，说是你借傻瓜辛普利邱的口，说出教皇说过的话。”

伽利略呆住了，内心愤怒极了，他请尼柯里尼把那一段文字拿给他看。尼柯里尼按铃叫仆人把书拿来。这是一本皮面精装本，是伽利略特为他这位亲爱的朋友定制的。

伽利略两眼直视着那本书，找到那要命的一句话。对一般读者而言，如无特别企图，绝不会认为这辛普利邱的话有辱上帝的至高权威。

尼柯里尼轻轻地解释说：“教皇似乎认为你的确是引用了他说过的一句话。因此，你如果把这句话借辛普利邱这个角色的口说出来，那么这整个角色……”

“我可以发誓，用我的生命担保，我绝未听到教皇说过这些话，”伽利略插话说，“不！让我这样解释，因为我有幸和他有过很多的谈话，他也许这样对我说过。但是，在过去，我曾和许许多多明智的教会人士谈过话，也许我把它们混淆了。因此，假如能允许我向我的老朋友解释……”

尼柯里尼警告地举起一只手说：“绝不可提及我告诉过你的任何一句话，乌尔班教皇绝不会承认他是因为个人情感而对你的书发怒的。同时，他也绝不会接见你。请信任我，据说，你的敌人在教皇耳边说了几句话，说你把他说成像辛普利邱小丑般的模样。”

这项罪名实在令伽利略难以置信！伽利略越想越感震惊，教皇乌尔班八世居然相信他会这样不敬地讽刺他。

伽利略的重要著作，也是最有争议的书，是用对话形式写成的，里面有三个个性非常不同的角色。伽利略没有忘记对宗教法庭的允诺，著作中避免直接对托勒密和他的学说进行攻击，同时也尽量避免对哥白尼学说的辩护。从他的书名便可显示出他忠实地站在不偏不倚的中立态度上。

这三位轮流表示他们的世界观的人是：代表哥白尼学说的萨尔维阿蒂；代表心胸开放，对任何一个问题均能从各种角度去研讨的沙格列陀；另一角色是辛普利邱。无疑地，伽利略把这个角色描绘成一个一再引用亚里士多德的议论者，也是伽利略从学生时代就反对的一个人。怎么会有人相信，这一个小丑性质的保守人物，会是专门影射某一特定人物呢？

伽利略抗议说：“我怎会有心影射教皇？这真是胡说八道！我是一个虔诚的天主教徒，拿什么理由来戏弄他？”

尼柯里尼也感到闷闷不乐。“这吓人的控诉刚开始被提出时，我也是这样怀疑。”他说，“现在，我们仅能期望，你女儿的祷告能让上帝使那些审判员的心肠得以软化。”

伽利略叹了一口气说：“但愿我能很快见到他们，这样悬疑的生活已经过得太久了，真是生不如死！”

第五篇　凄楚飘摇的晚年

科学的真理不应该从古代圣人的蒙着灰尘的书中去找，而应该在实验中和以实验为基础的理论中寻找。真正的哲学是写在那本经常在我们眼前打开着的最伟大的书里面的，这本书就是宇宙，就是自然界本身，人们必须去读它。

——伽利略

修道院里的囚徒

伽利略在大使的豪华住宅里已待了两个月，这里其实也就是一所监狱，除了和尼柯里尼来往外，法庭禁止他在罗马和任何人接触、通讯，也不许他外出。这段长时间的休息使他恢复了一些体力。他常坐在走廊下欣赏三月里温和的阳光，重读着玛丽亚温柔的短笺，它总带了些希望给伽利略。

尼柯里尼来到他身边，知道这年轻修女给了伽利略无比的安慰，也知道修道院从院长到穷苦的佣童，没有一个不为久别的伽利略祈祷。

伽利略将信拿出来，说道："你来看，邮差刚给我带来了这封信。"

尼柯里尼细细地慢读，似乎是有意拖延一下他要说的话。

"你离开这里以前一定要先写封回信，"尼柯里尼说，"是的，你立刻就要离开这里。宗教法庭已有谕召传来。"

"他们要把我关进牢狱?"

"审判会的规定是，在实际审判期间，受审人必须住在多米尼克修道院内。你曾经去过那边，就是明内瓦教堂隔壁的那幢大建筑，"尼柯里尼不经意地继续说，"我会派一位我最信任的佣人侍候你。我已获准从我家里送饮食给你，还有纸笔等文具，让你有事可做，你不会感到是在坐牢。答应我，好好地、勇敢地生活，为了你自己，也为了许多爱你的朋友。"

伽利略带病被宗教法庭传讯受审

伽利略默然地听着尼柯里尼的叙述。宗教法庭的程序从没有提过，以前受审过的人均必须保守秘密，但有些细节仍被泄漏了出来，伽利略全都知道，受审人永远见不到控诉他的人。通常，和民间法庭一样，他们采用最恶毒的刑罚以使犯人招供。他想到这些，垂下头来，手指颤抖地画了一个十字。

给伽利略居住的修道院住房，虽不能说是豪华，但干净、光线充足，不会叫人想起是一间囚室。房门没有上锁，侍者就住在隔壁，可随时应老人呼唤出入。每天都有人从尼柯里尼住所送来饮食和水果。伽利略平日虽喜欢这些在尼柯里尼家餐桌上的美食，但此时却常常无法下咽。

伽利略到新居的次日，由侍者搀扶着顺着长廊慢慢地走上宗教法庭的审判庭。三个身着黑袍的法官坐在长桌后方，他们见到受审人十分衰弱，叫人搬了一张椅子让他坐着。伽利略现在孤独地面对三位审判者，没有一个护卫他的人在身旁，他抬头望见长桌后高悬的十字架。他错了，至少，还有一个朋友留在这里，他嘴唇抖动着在祷告。伽利略声音单调，机械地回答法官问起的每个问题。他已是一个年老的病人了，他曾经是有聪慧来观测星球的人，如今，他已经是说话含糊，且常是混淆不清的。是的，他早已受到过警告，不要再传播哥白尼学说。不，他并没有用写作《对话》来违背权威的意见，放弃自己的誓言。他只企图把那位天文学家的观点当成假设，而不是叙述出来。关于这一点，早先他和审判会员磋商过，并获得他们的认可，他们的代表人不是已经发出了出版这本书的许可证吗？

但是，他是否应允过检查人员的要求，答应在书的前言中要确使每一位读者不致误认为他是在替哥白尼辩护呢？是的，他回答说，他有应允过，他已修改过该书的前言。法官问：“那么前言为什么和书体印刷不一致呢？是否表示这一部分与全书无关？”伽利略回答说：“前言的几页手稿扣在罗马检查人手中很久了，取回来时，全书已先印好，这是以后补印的，因此字体有异。”

他感到头晕目眩，身体战栗，双手紧握住座椅扶手，但是没有倒下去。他回忆起有一次看到几个农家孩子向一只壁虎投掷石子，他为什么没有试图制止他们呢？他的敌人现在正包围着他，他感受到每一个问题都在打击着他疲惫的脑子。这场审问最后结束时，他已无力从椅上站起来，他的侍者和另一名多米尼克助理修士搀扶他回到了床上。

第二天审问继续进行，伽利略被问及是否写过有关潮流事件？他说：“是的，在《对话》中曾经提及过。”又被问及是否被警告过如不将这项陈述删除，就会被吊销出版许可证？伽利略反击说：“罗马首席检察官已看过，已通过……”是的，但那一位首席检察官员已因玩忽职守而被革职。

这几小时的审讯实在够可怕的，但更可怕的是在休憩的时候，伽利略躺在床上，臆测着宗教法庭可能给他的折磨。就在之前一天，有一位法官，好像不能再忍耐，凶狠地说：“我们有办法叫一个持异端邪说之徒说话。”

伽利略记得很久以前，在帕多瓦的时候，他和一位多米尼克教士、天主教教会法博士畅谈至深夜。他承认，和民间法庭一样，宗教法庭也常常犯错误，但他坚定地说：“一切规章仍是公正和仁慈的。举例来说，审判会禁止对60岁以上的嫌疑犯施刑。”这位权威也勉强承认：“当然，宗教法庭有时也免不了有滥用权力的地方，我担心，我们的法官有时会由于过分相信真理，而忘记本身所负的使命。”

这一位受审的悲哀囚徒是否曾受过拷打苦刑，我们无法证实。但是，在他所控诉的恐怖情形中，也曾经提起过一些法官的威胁言辞。

他们会把他拘留到他死去才释放他吗？伽利略悲痛地想着，或者，他会像布鲁诺一样在圣安吉勒的石牢中度过他的末日吗？他幻想着那残酷的现实，广场上充满着仇敌的面孔，受刑人站立在空地上竖立的一堆余焰未熄的灰烬中……

“啊，慈悲的上帝，啊，怜爱的圣母。”伽利略喊道：“不要让我想起这些恐怖的事情，不然，我要疯了！让我记住我的花园、我的工作室、我的观测台，那修道院墙侧的小凳，我和我女儿在那儿座谈，铃声响起她才应召起身去祷告。”

一天晚上，这位受惊的囚犯试图克服恐惧而回忆早先在罗马的光荣。他记得，彬彬有礼的耶稣会克勒菲神父的热情欢迎，蜂拥喧闹的宴会中，宾客排队轮流看望远镜的情景，乌尔班教皇致赠著名艺术家作品。突然间，伽利略记起佛罗伦萨圣马可教堂中的一幅壁画。这位画家安吉里柯，被请去罗马替教皇尼古拉五世装饰一间小祈祷室，三年以后便死去。

伽利略上次访问罗马时，曾到这位佛罗伦萨画家墓前致敬。他就是葬在伽利略现在住处的隔壁教堂里。听说，碑上的拉丁文墓志铭小诗是尼古拉五世所作。是的，他认真地思索了一番，回想起那首诗来——

亚披力斯荣耀属我，我无动于衷，
啊！我主基督，我把它奉献给你；
托斯卡纳花都孕我、育我。
我感恩上天；我的艺术永遗大地。

这些回忆使他平静了下来，但将近午夜入睡时，他又梦到布鲁诺的最后苦难。侍仆听到他的呼叫后，快速跑到他的床边。

伽利略告诉他说：“不，我不要什么。你回去睡吧，孩子，去休息。我真抱歉，我的噩梦把你打扰了！”

伽利略无法再入睡，他让自己沉静地、有条理地思索着。为什么审判会要费尽力量来打击一个真正的天主教徒呢？他从没有像布鲁诺一样叛乱过，他仍旧以教堂为母亲。一位母亲该了解、宽恕儿女的心。

随后一天的审讯，有更多的指控与更多的问题。

“伽利略，你是否由官方通知过，哥白尼的著作已被列入1616年宣布的禁书之中，从此信徒们不可以再研读该书？”伽利略回答：“当然。”但他同时说，自己也被告知过，哥白尼的革命经过某些小的修正后，经过4年的禁止后，已经开始解禁。

伽利略从三位审讯者询问的内容中得知，他们对哥白尼的革命一书及自己的《对话》均已细心研读过。他知道他们是恶意地否认他所叙述的忠诚——他早期的写作在这审判庭中被反复引用。伽利略在该书中，无疑地认为哥白尼理论是两个系统中较好的一个。因此，伽利略已确信，这群宗教法庭人士已决心把这位佛罗伦萨人的学说永远消灭掉。

天主教史学家认为，审讯伽利略的法官超越了他们的权限范围，审判会仅有权力裁决信仰与道德问题，而非科学问题。伽利略坚持信任哥白尼学说的行为并未违反他的宗教信仰或道德。但这些史学家也认为教会永远是正确的，只是执行人士有时难免会有差错。宗教法庭虽为教会的一支，但也不会比民间法庭好到哪里去的。

唯一使伽利略整夜未眠、寝食不安的是，他真的对他的宗教信仰犯有什么罪吗？他将会受到什么样的惩罚？

伽利略只是以他对科学的公正态度说出了事实，仁慈的教堂圣母会残酷地对待她顽皮的孩子吗？不只是为维持它的权威，也为拯救犯错的罪人，使其肉体受苦才能使其灵魂得到拯救。

伽利略一再警告自己，下次站在法官面前的时候，不要再动怒或反抗，如被指出错误所在，他要谢恩，接受应得的惩罚。原先的傲气，如今一扫而空，他知道这些惩罚很厉害。他不是一个无名小卒，他是欧洲最负盛名的科学家，他知道教会害怕其他学者效仿他的榜样。

但他仍祈祷着不要有公开的侮辱，这会使他在修道院的女儿痛心，更会使他的儿子和无辜的孙儿女们含羞。

伽利略不止一次听说，宗教法庭常会给犯人一丝假的安全感。随后的一天，他没有被叫去法庭应讯，而是法庭派了一名法官来访问他。法官来到伽利略床边，满怀同情地像一个朋友似地坐了下来，没有威胁、没有指控，仅仅表示希望犯人能认识和放弃自己的错误。

这种随意的会谈经过了好几个小时，其中充满着陷阱使伽利略不易招架，他心里计划着少说为妙。但是，说多了可能有助了解，不说反而可能被认为自己承认有罪。

晚上，他终于有些自由时间了，他勉强吃了些东西，也让热情侍候他的人感到一点安慰。

“你一整天都没有吃一口食物，这是大使送给你的美味干果。这是一些野鸡肉。”侍者殷勤相劝。

“只要我能够做些体操，我原先的大胃口就可以恢复，”伽利略告诉他，“你带给我的食物足够给劳动的人吃一整天。来，过来帮我忙把这些吃光吧。”

“我不敢，先生。”

伽利略笑着说：“你不敢和宗教法庭的囚犯共餐?”

“你知道我不是这个意思，”侍仆辩解说，“我是说，像我这样身份的人，怎敢和像你这样一个伟大的科学家同席!”

伽利略再次笑了。一瞬间，他眼里的疲惫暂时消失了，他想起了过去的岁月。

他说：“我记得，我第一次来罗马时，衣服褴褛，啊，很脏！那天早晨，我在路旁泉水边洗衣，将全身灰砂掸掉，但是，克勒菲神父请我吃早餐，这是我从未尝过的高贵食物。他既有学问，又爱施舍。我们共餐时，他的谈话像美酒一般让人陶醉。”他突然接着说，“现在，你坐下来和我一起吃吧，不要再说那些蠢话。”

餐桌收拾完毕后，侍者搀扶老人脱衣就寝。伽利略情绪不宁，无法入睡。他思前想后，心中充满着疑虑和恐惧。

3 个礼拜的等待，心中煎熬，度日如年。法官如果想用这种方法把他拖垮，十分有效。有增无减的焦急使他血液沸腾。在被囚禁的第 22 天上午，他被召去法庭。临去前，他涕泪纵横，像一个小孩，紧握着侍从的手不放。

“我要再去见他们，要求我的法官发发慈悲，赶快判罪。像这样煎熬着一再拖下去，我实在受不了，我宁愿早些死去!”

伽利略没有再被讯问，宗教法庭宣布他的案子在复审中，他现在可以回到佛罗伦萨大使尼柯里尼的住宅去等待。

在尼柯里尼大使一个多月的爱心照护下，这位科学家的体力恢复了很多。他写信给玛丽亚，而她的信永远带给父亲温暖的慰藉。他的视力已不如往昔，但他仍旧阅读、研究许多大使给他弄来的书。两人时常坐在花园中探讨各类事情。尼柯里尼大使虽告诉他，即使判刑也不会很重，但伽利略心中仍疑惑不定，而且常会梦见石牢和广场的火柱。

6 月底，法庭再度召开。伽利略二度进入恐怖的法庭，墙侧的蔷薇盛开，映照成一片鲜红的色彩，刺激着他的眼睛。他感觉到这是个不祥的预兆。4 月间他来这里的时候，蔷薇初绽，十分娇美，现在已经盛开。眼前一片火红的景象，砖石的小径上洒满了花瓣，踏在上面就像是践踏在血浆中。他紧紧抓住侍从的手臂。

“勇敢些，先生，很快就过去了。”侍从安慰他说。

6 月的时候，暑天炎热，一个修士助理走过来扶着伽利略在阴凉的走廊上坐好，并给了他一份文件。伽利略细心读完，脸色变青，侍从再次慰勉他要勇敢。

几分钟以后，伽利略站立在判决他的一群枢机主教、主教、教士、修道士面前。

他尽力挺直着身体走向这群法庭判官坐着的长桌前，桌上有两支蜡烛照亮着一本巨大的《圣经》。一位法官站立起来宣读判决书。

一句一句，一段一段，一页一页，冷酷单调的声音读着文内的问答。伽利略衰弱的身躯摇晃着，这时他已没有座椅可支持。他抓住长桌的边缘，祈祷着，希望让这身心的苦楚赶快过去。

他听着过去两个月来从那些固执、绷紧着的口中说出的话，指责他附会异端邪说哥白尼理论，并且胆敢为其辩护，更斥责他不服从神圣教会的指示，顽固地传播那种学说……最后，宣读判决条文如下："我们判决：伽利略《对话》禁止流通；判处伽利略监禁，时间由本法庭另议；并处罚伽利略每周读7篇悔悟赞美诗，一共读3年。"

法官问伽利略是否愿意改过，伽利略茫然点头，自己也不知道自己做了什么。他只想逃避面前的这些脸孔，躺在床上把腿伸展，休息一会，然后睡觉。

"现在，弯下你的膝盖，把手放在这《圣经》上。"

伽利略费了很大的力气，将双膝下屈。一个修士将《圣经》拿过来，让他的手能触到。另一名法庭修士递给伽利略一卷纸。

"你现在开始朗读这份文献。慢慢地、大声地读，让写这篇文献的全体法庭人员都能听到。"

伽利略视力模糊，将文件凑近鼻端。一个身着黄色披袍的修士怕他因光线不足看不清楚上边的文字，于是将蜡烛移近伽利略，他脸上充满爱怜之情，并将另一只手抚在伽利略的肩上以示宽慰。

伽利略轻声说："谢谢你，神父。"然后，他带着口吃的声音开始朗读他的誓言。

"我，伽利略，是文辛·伽利略之父，现年70岁，为佛罗伦萨公民，犯罪被囚，现跪伏天主教诸主教之前，我前面放置《圣经》，我用手抚着《圣经》，我誓言放弃、诅咒、屏绝那错误而荒谬的地球运转邪说。"

玛丽亚过世

如果羞辱真能杀人，伽利略在那天晚上就会死去。在他被召去接受判决之前，他早已接到命令要朗读那可耻的誓言。在极度疲惫下，他在法庭公众面前朗读了那些可恨的文字。他内心只有一个信念：他违心地否定了哥白尼。他现在床上辗转反侧，想起他犯了一桩比伪誓更为可怕的罪。

手搁在《圣经》上，他曾发誓不再传授“与神圣教会敌对的错误邪说”。最可耻的是，他发誓：“假如我遇到一个邪说信奉者或一个有这种嫌疑的人物，我会向宗教法庭或当地审查员或主教报告。”现在，他知道他不但违背良心放弃了真理，而且还誓言要帮助铲除他的忠实的同志。审判会不但将他判成终身囚徒，还逼着他做一个密探。

伽利略悲切地想，他竟要破坏他从小以来就有的信仰。他知道宗教法庭不但禁止了他的书的出版和传播，而且会禁止任何教会大学讲授他的学说，如有违背，一定会重罚那位大胆的学者。“是的，与其看到自己的信仰被压制，看到别的科学家因我的贪生怕死而受害，真不如死去的好！”他想。

深夜里伽利略扪心自问，诚实地说，他不但害怕那恐怖的惨死，他还担心着许多别的事情：如果被判死刑，他的财产将全被没收，这些他最后争取到的财富曾给他许多快乐和满足，甚至也给贪婪的文辛许多幸福。

可怜的孩子！伽利略的心头浮现出他可爱的孩子幼小时乞求要一个玩具或糖果的形象。有了金钱，他希望儿子不再停留在那小职员位置上，可能的话进入外交界去，最少获得个头衔。自己怎么可以让儿子失去这些遗产而让人们说他的坏话呢?

伽利略想到，如果不说那些誓言，他会被排除教会之外，那么，在年老的这段日子中，竟连领圣餐礼、参与告解的祝福、临死敷油式的宗教葬礼等权力都会被剥夺。圣母教堂的人员会训斥责罚他，而他会无依无靠像一个被弃的孤儿，在黑夜里啼哭。

老人从床上坐起，老泪纵横。“主啊，饶恕我的罪!”他捶胸顿足地哀号着。他担心被睡在邻室的侍者听到，又低头轻声自诉:“但是，无所不在的主啊，我并不需要告诉你，是地球在转动啊!”

第二天，伽利略开始他的新生命，或者说是死亡中的新生。

大公爵费迪南多二世，在他的宫廷数学师的命运尚在天平上未卜轻重以前，并未给予援助。但当这受尽虐待的老人已洗清邪运后，他立刻冒着教会可能感到不快的危险，要求当局给这位囚犯宽容。他联合尼柯里尼和少数几位伽利略的有分量的朋友向教皇乌尔班要求减轻法庭给予的判刑。

乌尔班倒也乐意仁慈些。7 月间，审查会准许伽利略离开罗马，让他缓解这段日子以来的抑郁，让他迁到他在锡耶纳的朋友，即大主教皮柯罗米尼的别墅中去住，享受适当的自由。

这位大主教的豪华住宅，一向是意大利将军们、大主教、枢机主教，甚至教皇住过的大府邸，伽利略住在这里的确减轻了他受羞辱的苦痛。名义上他仍受教会的看管，由大主教作代表，但府邸上下每一个人，从皮柯罗米尼到最年轻的侍从，都把他视同贵宾。

在这里的一些日子里，他常接到玛丽亚安慰他的信：“我要告诉你，我们这里全体长官、修女听说你已到锡耶纳，大家都高兴得不得了。听到了这个消息，院长和很多修女都来拥抱我，并且感动地哭了。”

这次受了屈辱，伽利略精神变得非常低落，他在给女儿的信中写道：“我的名字已从活人的名簿上剔除了！”

女儿回信安慰他说：“说真的，你在这儿比以前更受大家尊敬和爱戴了。”

玛丽亚虽从未料理过自己的世俗私有财物，但她这次却替离开后的父亲照顾小山庄和花园。她告诉这位流离中的人说，她仔细地记录卖掉的水果有多少、葡萄因冰雹和被偷窃损失了多少。她为了安慰思家的父亲，又将园丁写给她的信重述了一遍。她告诉伽利略：“你的母驴，在主人走后，不让任何人乘坐。鸽笼里的两只鸽子已经长大，等着你回来吃。园里的豆荚等着你来摘取。”有时，她对父亲的思念之情溢于言表：“当你在罗马的时候，我会以为你在锡耶纳。现在你在锡耶纳，我说，你很快就会回阿切特里来的。但是，上帝会安排的！”

另外一封信提及一些依赖修道院送他们粮食的贫民需要他的帮助。她叙述院内另一位修女茜薇亚，是300年来佛罗伦萨所见到的最可爱的女孩，现在患有肺痨，奄奄一息，年龄才23岁。玛丽亚对自己有增无减的虚弱从未抱怨过，但最后，这勇敢圣女的勇气也开始背弃她了，她绝望地哭泣，祈祷在死亡前能再见最亲爱的父亲一面。

这祈祷实现了。皮柯罗米尼大主教和其他几位教会有力人士，签请准予伽利略回到靠近他孩子们的阿切特里去。这建议获得了批准，但有附带条件，那就是伽利略不得在未获准许的情况下前去佛罗伦萨。住在阿切特里期间，除赴山麻地修道院做弥撒及看望女儿外，不许离开住所，不得在住所接待朋友或一次集合许多人，或举行任何科学讲演。伽利略感觉自己像一只饿猫爪下的小老鼠。其实即使不受这些限制，他也知道佛罗伦萨审判会随时都在注意着他的每一次行动，并会将任何小的违反行为报告罗马。但现在他已不再期望什么，只希望自己能和女儿玛丽亚再相见就好了。

伽利略把这消息告诉玛丽亚，说拘留5个月后获准返家。她的回信却叫伽利略大吃一惊，她已衰弱到没有力气将心里久蓄的喜悦表达出来。她写道："我想我不会等到那一天了，也许，上帝会恩准我这么一次。"

铁一般的意志，燃烧着她体内仅剩下的一把火焰。终于在1月份的一个凄风苦雨的日子，父女俩在山麻地的一间接待室相见了。在宽大的修女服下，玛丽亚只剩下如同老妇人般的瘦柴骨架了。她惨白的嘴唇上已印有死神的印记了，但她的眼神中仍闪烁着旧有的温柔。他们谈了许多事情，但突然间，他们都静默下来，直到铃声召她夜祷，两人一直都没有再说话。

"为我祷告，孩子，我最需要你的祈祷。"

"我永远为你祈祷，爸爸。"她回答后很快转过身去，好像她不敢再看到他的眼泪。

几个礼拜后，玛丽亚修女被抬入山麻地修女们永息的墓地。她年仅33岁，却老得像饱尝沧桑的老人，最后含恨而去。

伽利略终日在山庄散步，无比的孤独。他不想去看望他的另一个女儿，过去的岁月使这阴沉的孩子变成一个冷漠、固执的女人。她从没有对她的姐姐表示友好过，她也不能替爸爸分忧。儿子文辛从佛罗伦萨来探看父亲时，也无法带给爸爸一点安慰。他除了自己的事情外，一切不谈。他谈的是修建的大房子要多少钱，当一个政府的小职员薪给是如何少。他虽然没有直接向爸爸要钱，但伽利略猜得出他每次来访的目的。

有一次，老人给了他一笔数目不小的钱财，让他把纠缠的债务处理一下。文辛这才对这身体已非常虚弱的老人生出了一些感情。

他鼓励父亲说："也许有一天，你会被允许回到佛罗伦萨来的。住在我的大屋里你会舒适些，而且还有三个小孩陪伴你。"

伽利略沉痛地回答说："住在佛罗伦萨和住在阿切特里一样，我经常都听到她在呼唤我。"

文辛很快回到家告诉他妻子说，他害怕这老人会发疯。

伽利略虽然老弱憔悴，但是他仍忍住悲哀转向他最能获得安慰的工作。

他的视力衰退到已无法用望远镜观测的地步。他凄苦地想着，即使他能观测出新奇的事物，也不能将新发现公之于世，必须将记录隐藏起来，这又有什么用呢？

最残酷的打击

一个初春的早晨，伽利略在花园散步，他突然有了一个新念头。自从女儿死后，他第一次感到动心和快乐。他不能再教书，假如他发表任何一句有关天文科学的话，或暗示对哥白尼的偏袒，审判会都不会饶他的。但是，假如他从事研究另外一个完全“安全”的题目，那么，他成为这世纪最伟大的天文学家则仅是偶然。他早期的兴趣是机械学，他想起那摆动的吊灯、多年前从比萨斜塔上掷下的铁球。

他决定仍把他的研究用古希腊哲学家们用的对话方式写下，且利用同样的三个辩论人来讨论，不是天文学而是较安全的题目即物理学。伽利略以最长的篇幅解释他对落体定律、动能、热能和重力的观点。他未能预见在他死去那一年的 7 个月后，在英国出生了一个小孩，会继续无止境地研究这些真理。哥白尼、伽利略、牛顿……一个接着一个把这火炬传递下去。

经过多年试验的总结，伽利略把他的这本著作命名为《关于两门新科学的对谈》。他用年轻时的那股热劲给一个朋友写信说，自己的这本书是“比我以前出版过的任何一本书的内容都要优越，因为它包含有这些结论，这些我认为是我所有的研究中最重要的结论”。

因为伽利略被审判会判了刑，他的这本晚年著作既不能在罗马出版，也不能在佛罗伦萨发行，而是由荷兰的一位敬重伽利略的人艾则维尔把它带回国去出版的。

伽利略思忖着，可能他身边也不许放置这本书。他想起哥白尼的故事，哥白尼是在去世前一刻才收到自己出版了的不朽巨作，并微笑着把这本书放到自己的枕头旁边。

1637 年，这本书印刷完毕。为了避免宗教法庭的干预，伽利略否认与该书的发行有关。他只说，那手稿曾让几位科学家看过。很幸运的是，他的那群罗马旧敌人正忙于“三十年战争”，无暇顾及他的事，而读过该书的人，也找不到任何违法之处，因此审判会决定不追究此事。

伽利略像是返老还童的孩子般笑了：“这实在是桩可惜的事，宗教法庭对一个诚实的人做了一次回避并且撒了一次谎。”

但是，伽利略却被另一个更无情的灾难所袭，这次比以前所有的迫害更加残忍。

伽利略慢慢地口授让人写了一封信给戴阿德迪。戴阿德迪是居住在巴黎的自由派新教徒，并将他的《关于两门新科学的对谈》一书传播到新教世界。

这封信的内容如下：“你在 1637 年 11 月 20 日的来信，询及我健康的情况。我可以告诉你，我的体力已经恢复了很多。但是，我敬爱的先生，你忠实的朋友伽利略现已无可救药地完全失明了。这天空、地球、宇宙，我曾经越过以往若干世纪的限制，将它放大一百倍和一千倍以上去观测、去演绎，如今，我自己却只能畏缩在一条狭缝中。这会使上帝喜悦，因此也将使我乐天知命。”

卓越的数学家卡斯特里教授，对他敬爱的老师失明感到十分难过，他说："大自然中一双最高贵的眼睛失明了！这双禀赋特异的眼睛见到了前人所未能见的东西，为后来者开启了广大的能见之门。"

卡斯特里教授不是只说不做的人，他是个行动派的教士，不但在言语上安慰伽利略，并且在行动上联合有影响力的人士向罗马要求准许伽利略去佛罗伦萨就医。但是，这个请求遭到了驳斥，他们认为佛罗伦萨医生赴阿切特里看病应无困难，并暗示，要求太多将对伽利略不利。

在这种不利时机中，卡斯特里又作了另一请求，请罗马准许伽利略迁往他儿子在佛罗伦萨的住处，同时附上医疗诊断证明书，说明伽利略身体衰弱的状况，并宣布了他失明的消息。最后，反对伽利略的人认为，伽利略已不是什么危险人物了，所以答应了这项请求。但在搬入儿子的住宅前，他仍被迫上一次佛罗伦萨审判庭。

在这个审判庭中，伽利略被告诫除了参加最近教堂的弥撒外不得擅离住宅。伽利略心中自忖："我亲爱的女儿，从现在起，我离你墓地太远，不能常来看你了！"审判会又说："伽利略不得与任何人谈论哥白尼学说。"伽利略脑子里还是想着自己的事：太迟了！那本《对话》已由审查会帮忙宣传得声名远扬了，欧洲的自由学者几乎全都读过了。审判庭接着说："不得接见任何宗教法庭认为可疑的邪说分子，如果违反这些规定，便将终身监禁在牢狱之中，并逐出教会。"

这位年老科学家温顺地听着，答应遵照宗教法庭的意见，然后由儿子文辛搀扶着离去。

最使他伤心的莫过于被指定为他的保护人的儿子，竟是审判会的间谍。伽利略知道，文辛一定会热衷做这项工作。他在职的薪金很少，常常负债累累。他不愿父亲再引起审判会的不高兴，因为这不仅会影响大公爵给伽利略的终身俸禄，也使伽利略死亡后的财产被没收。他是继承人，他万分重视这笔不小的财富。

伽利略一向习惯了儿子的冷漠，如今也只好继续忍受。他转而寄希望于儿媳薛蒂莉的亲情。可是，儿媳忙于家务，没有时间来多听这位老人的谈话。小孩们倒很喜欢伽利略。他这三个孙子常会放弃游戏来听祖父说故事。当他要教他们一首新歌时，他们总是吵着要他用鲁特琴为他们伴奏。

有一次他唱了一首很久以前他自创的歌曲："我已寻遍卡拉布里亚、伦巴第和托斯卡纳、罗马、比萨、卢卡、热那亚，在海与海之间……"

他突然停顿，哭了起来。

三个孩子吵着他："再唱，再唱，好美的歌曲！"

伽利略摆动他那满是白发的脑袋，说了一个谎："我忘了其他的歌词了。"

小孩们再求他："那么就把那一段再唱一遍吧。"

"不，我太累了。去玩吧，太阳落山前回来，妈妈要叫你们吃晚饭啦。"

孩子们跑到院子里去，一边笑，一边叫。伽利略把鲁特琴搁在一侧，独自坐在那里，在黑暗中哭泣。

未完成的构想

伽利略试图从双重的囚犯境遇中拯救自己，他尽力回想他的许多发现和发明。

他深思着："我上一本书中描述有关落体的一章，谁会知道我最初原始的实验是单摆？比萨那位医生多么称赞我的脉搏计！为此，他不是还赏了我一杯酒吗？一个小型钟摆、一只测量病人脉搏跳动频率的钟摆。"

他纤弱的手跃跃欲试地要创造，他依然活跃的脑子已经在开始设计了。

有一天他把这件事情告诉了文辛。

"假使有人能将一只普通的钟配上一个摆，它可以走得更准确。这是一个平衡问题，这一点我以后会解释给你听。目前，市面上没有这种钟出现，这项发明，可以是一笔财富。"他知道，文辛对赚钱的事最热衷。

"但你现在怎么能够做呢？"

"假如你能招来一位聪明的机械师，我会……"

文辛讥刺地打断了父亲的话："让他把你的发明偷去？原谅我，爸爸，你从不曾做过生意。我可以抽出些时间来，你只要告诉我怎样进行，我会把图画下来，然后去找个技师商量，每次只给他一部分创意，让他教我怎么做，然后我自己来做成这个钟。”

伽利略对这个计划表示怀疑，但他知道，说服文辛聘请助手到家里来是办不到的。从这以后他要文辛担任他的秘书，此时，伽利略书写信件已经越来越困难，有些信是写给欧洲著名科学家的，文辛总是推托没有时间。文辛只想把每分钟都用在谈论制造摆钟上面，他想在父亲死去以前把这项发明的模型先完成。

伽利略想：“如果我能雇到一位秘书，不但可以整理我的大量来往信件，而且可以听取我这被人遗忘的学者的思想。在我的老学生中找一个来吧！但审判会能答应吗？我的那些关于新观念、新发明的灵感，如何才能记录下来，不被永远遗忘呢?”

最后，佛罗伦萨审判会宣称已替伽利略找到一位可以担任他秘书的人，这位被选来的人很聪明，对他正思索的航行问题的研究很有帮助，伽利略很高兴。

这位新秘书雷尼瑞机敏聪慧，而且非常高兴能有机会替这样一位天才科学家工作，他甚至不理会审判会的怀疑。虽然他不能公开表示如此，但他相信伽利略在科学上受到的误解会有澄清的一天。伽利略也知道自己受到学生的敬重与爱戴。最令人高兴的是，雷尼瑞本身的学问以及研究成就，对年老力衰的伽利略来说，尚有多方面的辅助作用。

伽利略在给朋友的一封信里有过这样的慨叹：“我失明后，不得已必须找别人替我写、读。我的记忆力也因年龄而减退了，有时，我必须靠秘书将前面一句再念一遍才能说出我的下一句，不然，我会把一句话三番四次地重复不休。”接着他又悲恨地说："你会相信我说的话，用自己的眼睛与手和用人家的眼睛与手的巨大差别，就好像是蒙住眼睛下棋！"

雷尼瑞既忠诚且有耐心和技巧，能将伽利略任何错综复杂的口授语句清晰地写下来。文辛注意到他父亲和这位秘书间建立了真诚的感情，他十分嫉妒这种情感。有一天他指责他父亲将摆钟的秘密告诉了秘书。

伽利略生气地告诉文辛说："我有时真怀疑你是否真是我的儿子，脑筋那么笨，手脚更是迟钝。当我还像你现在的第一个儿子那么大时，我已会替弟妹们做有轮有轴的小引擎给他们玩。你该继续做那些修修补补的工作，这比你在茶楼、酒馆赌博安全和有用多了。我可向你担保，我不会把那桩发明告诉雷尼瑞和其他任何人的，但目前我最感兴趣的，却碰巧是一些有关航行的点子，这不是你能懂得的。"

但是，文辛却继续监视着他父亲和他的秘书。最后，伽利略十分生气，他要求宗教法庭让他搬回阿切特里去住。

他说："我来佛罗伦萨是为了接受医疗，但现在我已知道，医师早已无能为力。我愿回到我的小山庄度过我最后的日子。我要回到我的花园里散步，去墓地看我的爱女。"

审判会员问他："由谁来照料你呢?"

"我的秘书，他已成为我的儿子。"

心怀嫉妒的文辛告诉审判会说，他父亲的话不可相信，但薛蒂莉却撇嘴说："我讨厌这整天的争争吵吵!"她引用一句格言说："'如果家庭里时常吵闹，就是罗马论坛那么大的空间也嫌太小。'让老人心平气和地搬出去，我们会常去看他的。"

文辛不再反对，伽利略获准搬回阿切特里小山庄住宅。他雇用了几个忠实的仆人，雷尼瑞小心体贴地侍候他。秘书的工作非常繁重，不久，另有一个年轻人维维亚尼，主动要求愿意不要报酬而来帮他分担工作。

伽利略发现维维亚尼和他自己一样，是出身于佛罗伦萨的一个世家，因时运不济，如今家中破落。这孩子曾跟从一个圣芳济修道士学习数学，那位修道士教给他所知道的全部科学知识，还劝他去请求让伽利略收为弟子。

伽利略无法公开教他，但每当不能入睡的长夜，他们就讨论数学。老人心中十分欢喜，有这样一位出色、聪慧的后起之秀，给他自己老迈的心灵上又注入了一股新灵感和挑战。伽利略从不刻意地夸赞一个学生，但在一次热情的冲击下，他告诉维维亚尼说："但愿在罗马的那群诋毁我的人也具有像你这样的几何知识，而你却还很年轻。你在这方面的前途十分远大，但是，"他叹气说，"我不会再在此地庆祝你的成功了。"

这两个忠诚的秘书都可以参加伽利略摆钟的工作，但伽利略信守了他对文辛所许的诺言。

即将成为发明家的文辛却越来越可疑。他每周来父亲的住所很多次，并常带着薛蒂莉一道来，让她看守着门，不让人闯进来听到他对摆钟制造进度所做的报告。

伽利略有一次带着一丝迁就的微笑对文辛说："你为什么要那么急着把它完成呢？我从不知道你对任何事物有过这样长久的兴趣哩。"

文辛也以从未有过的一种温情向父亲诉说道："我知道你认为我只是一个没出息的政府小职员。我也知道，你很伤心，你这唯一的儿子，有你这样一位声名赫赫的父亲，却没有一点成就。

如果我能把这桩发明做成功，你会高兴再认我是你的儿子。”

伽利略倔强地笑了：“亲爱的孩子，愿你在天的真诚圣洁的姐姐替你说情。你实在比爸爸更会说大话。”

文辛受到维维亚尼温文有礼的感化，很幸运地从未与他发生过争吵。他也不去过问这陌生人的来由，而大公爵对伽利略礼遇有加，也停止了审查会对这年轻陌生人的怀疑。因为现在，伽利略不再有护卫邪说学者之嫌。费迪南多二世对他的宫廷老数学师十分仁慈，他把宫廷藏有的好酒美食致赠伽利略，然后乘坐了他的镶金大马车直接到伽利略的小山庄来探视。审查会无意阻挠，无人怀疑大公爵是否有能力和伽利略或者任何其他人研究或讨论科学问题。

这位虽是有些懦弱却十分仁慈的统治者，从此常常到伽利略病榻前看望他，和他谈谈那长期战争的最近进展和一些宫廷琐事。有一次，维维亚尼提示伽利略服药时间到了，大公爵坚持要亲手喂他汤药。当天，薛蒂莉也正好在场，她早已被大公爵亲自来看望伽利略弄得兴奋紧张，这时，她竟大声叫她在花园中游玩的孩子们进来，看看他们祖父受到王族的款待。

据历史学家的记载，大公爵曾说过这句话：“我只有一个伽利略。”他是以当地最高统治者的身份说这样的话的。

另外一个客人，在文辛的疏忽之下，曾闯进来要求访问伽利略。这是一位年轻的诗人，他自我介绍说他名叫约翰·弥尔顿（John Milton，1608—1674，英国诗人与评论家）。

后来，伽利略问起此事的时候，维维亚尼向他的老师描述这名来访者时说：“他长得并不高，但身材匀称，神情从容，并且看上去气质十分高雅。他曾告诉我们，在大学时他是有名的剑术高手。他有着长长的棕色的头发，中间分开，两边拖到肩部。他就是那些我们经常见到的典型的英国人的模样，英俊，干净利落。我相信，我最记得的是他的眼睛，深褐、清澈、锐利如鹰隼。”

背景知识

约翰·弥尔顿

约翰·弥尔顿，英国诗人、政论家。弥尔顿1608年12月9日出生于伦敦一个富裕的清教徒家庭。父亲爱好文学，受其影响，弥尔顿从小喜爱读书，尤其喜爱文学。1625年他进入剑桥大学，并开始写诗，当时只有16岁。1632年取得硕士学位。因目睹当时国教日趋反动，他放弃了当教会牧师的念头，闭门攻读文学6年，一心想写出能传诵于世的伟大诗篇。

1638年弥尔顿为增长见闻到当时欧洲文化中心意大利旅行，拜会了当地的文人志士，其中有被天主教会囚禁的伽利略。弥尔顿深为伽利略在逆境中坚持真理的精神所感动。1639年，他听说英国革命即将爆发，便中止旅行，仓促回国，投身革命运动。

1641年，弥尔顿站在革命的清教徒一边，开始参加宗教论战，反对封建王朝的支柱国教。他在一年多的时间里发表了5本有关宗教自由的小册子，1644年又为争取言论自由而写了《论出版自由》。

1649年，革命阵营中的独立派将国王推上断头台，成立共和国。弥尔顿为提高革命人民的信心和巩固革命政权，发表

《论国王与官吏的职权》等文，并参加了革命政府工作，担任拉丁文秘书职务。1652年他因劳累过度，双目失明。

1660年，王朝复辟，弥尔顿被捕入狱，不久又被释放。从此他专心写诗，为实现伟大的文学抱负而艰苦努力，在亲友的协助下，共写出3首长诗：《失乐园》(1667)，《复乐园》(1671)和《力士参孙》(1671)。1674年11月8日他卒于伦敦。

弥尔顿早年的创作主要是短诗，其中较为著名的有《快乐的人》和《幽思的人》(1632)。这两首诗描写诗人的轻松愉快心情和沉思的乐趣，体现了人文主义者对生活享受的追求。他的十四行诗歌颂自由，斥责教会，或抒写个人的情怀，艺术上有较高的成就。

弥尔顿在担任政府职务前后写过不少政论文，参加宗教和政治论战。他站在清教徒立场，主张取消国教的主教制度，并在政治问题上给王党以有力打击。他的《论出版自由》(1644)主张言论自由，反对当权的长老派的跋扈。《论国王与官吏的职权》(1649)从《圣经》和古希腊、古罗马的政治学说中找出论据，说明人民有权废除和杀死暴君，以坚定人民的革命信心。《为英国人民声辩》(1651)驳斥反动派所谓英国人民犯了弑君之罪的谰言。

《失乐园》(1667)长约1万行，分12卷，故事取自《旧约》。诗人写这首诗的目的在于说明人类不幸的根源。他认为人类由于理性不强，意志薄弱，经不起外界的影响和引诱，因而感情冲动，走错道路，丧失了乐园。夏娃的堕落是由于盲目求知，妄想成神。亚当的堕落是由于溺爱妻子，感情用事。撒旦的堕落是由于野心勃勃，骄傲自满。诗人通过他们的遭遇，暗示英国资产阶级革命也由于道德堕落、骄奢淫逸而惨遭失败。

弥尔顿继承了16世纪的人文主义思想，接受了17世纪新科学的成就，同时对它们采取批判的态度。他肯定人生，但否定无限制的享乐。他肯定人的进取心、自豪感，但否定由此演变出来的野心和骄傲。他肯定科学，但认为科学并不是一切，有科学而没有正义和理想，人类不会得到和平与幸福。弥尔顿的这种思想也就是革命的清教思想的反映。在《失乐园》里，弥尔顿显示了高超的艺术技巧。诗人的革命热情和高远的想象使他雕塑出十分雄伟的人物形象，如撒旦，描绘了壮阔的背景，如地狱、混沌、人间等。他的诗歌风格是高昂的。诗中运用了璀璨瑰丽、富有抒情气氛的比喻，独特的拉丁语的句法，和雄浑洪亮的音调等。在结构上，《失乐园》承继着古希腊、古罗马史诗的传统，成为英国文学中一部杰出的史诗。

《复乐园》(1671) 四卷，根据《新约·路伽福音》描述耶稣被诱惑的故事。

《复乐园》和《失乐园》都说明了生活的引诱问题，但《失乐园》所强调的是理性控制情欲，是人文主义对生活的肯定和清教的道德观之间的相互协调；而《复乐园》则强调信仰消除情欲，体现宗教思想的胜利，这首诗反映了革命挫败后，诗人厌弃和抗拒复辟王朝的道德堕落和反动王朝对古代文化的歪曲，他努力锻炼自己的性格，继续和封建势力作斗争。诗里的耶稣念念不忘罗马奴役下的以色列，他认为以色列的解放一时还不能实现，但是他说：“一旦那一天来临，你不要想象我会坐失良机。”这说明了诗人对英国革命的始终不渝的态度。

“说的好像是一位数学家!”伽利略评论道，“你说他眼如鹰隼?”他久久没有说话，秘书弯身接近伽利略才听到他说：“我的眼睛以前也是这样。愿上帝永不让他知道关在牢笼里和生活在黑暗中的滋味。”

在很短的一小时内，伽利略和这位年轻诗人交谈着，两位秘书在旁静静地聆听着。听到伽利略在比萨学生时代的几则风趣故事后，这个英国人也描绘了一些他在剑桥教会学院读书的情形。他的一位最要好的朋友最近逝世了，悲伤的他写下了一首挽诗《赖西德斯》。

伽利略说：“你很幸运，能将哀忧寄诸文字。我小时候也写些韵文诗，有些可能是诽谤性的，但都只是点到为止。当我的圣徒女儿死去时，我愿我能为她写一首挽诗或者至少一首十四行诗，可惜，我就是缺少诗人的天分。”

伽利略礼貌地很快把谈话转回到来访陌生人本身的写作上。他问他还写了什么别的诗，游历完意大利后，回到英国，计划做些什么。

“我写过一个歌剧，叫做《司酒宴的神》，由贵族们表演，非常成功。剧情是表达邪恶的势力终必被纯洁和善良所征服。”

“站在一个天主教徒的立场上，这条宗旨我表示赞同。”伽利略暗中鼓励他。

“当然，当今世界上，尽管有许多冲突教义的事物存在，但道德定律只有一个。”年轻人回答得颇是自大。然后，好像是发觉自己是在向一位长辈说教，语气才转为温和：“老前辈，因为我要看的东西太多，在佛罗伦萨不能耽搁太久。在告别之前，我要感谢您给我的帮助和鼓励。”

"当然，你不是一个科学家，也不是诗人。"伽利略说。

"不是，我在剑桥专攻古典文学，但我也研究音乐和现代语言。"

"难怪你说的意大利语那么好听，不像别的外国人说得像杀鸡。"

"谢谢您的夸奖，先生，我费了不少工夫。我认为意大利语是语言中最可爱的一种。虽然我甚至不能被称为业余科学家，但是，我读过您的著作，也听过比我聪明的人讨论它，而且，"他的声音变得深沉而有感情，"我用您的望远镜观察过。"

"我愿我能将那晚所见到、所感受到的写成一篇抒情诗，"弥尔顿继续说，"我感觉到我是和造物主站在一起的，和他一起观看神奇的创造，即第一次显现在不免一死的人类之前的创造。"

伽利略频频点头，对他的赞美词句很是感动。弥尔顿接着又说："这种卓绝超凡的思想可以熔铸成一首伟大的诗篇；或者，乐园中亚当也是第一次举头观望到星辰的！"

访客站起来握住伽利略的手。

"我希望没有打扰您太久，使您疲劳，先生。"他愉快有力地说，"我如果根据这个题目写成一首诗，我会把它用意大利文写好送给您的。"约翰·弥尔顿绝不可能想到，在四分之一个世纪后，他自己也失明了，他在他女儿面前口授写作《失乐园》，并引用了很多哥白尼学说。但当他如同鹰隼的目光落在伽利略的脸上时，他看到了死亡的爪痕，他无法说些轻松的话。

伽利略自己知道他的狱门很快就要开启了，他觉得这样也很好，虽有温暖情谊的门徒为伴，但他总觉得越来越孤单。

弥尔顿访问后不久，接着又有第三个学者来访，进入他这在阿切特里的非正式大学。这些访客带给伽利略很多精神上安慰。托里拆利（Torricelli，1608—1647，意大利数学家与物理学家）对物理学已有过大量研究而且也出版了几本书。当他来访时，他热情地陈述对温度计改造的高见，伽利略患有关节炎的手指抽缩着，脸色发黑显得很愤嫉。但他说话的时候，声音里却没有嫉恨，只是一种对自己无助的深沉悲哀而已。他问道："一个新的温度计？是从英国人弗拉德的发明加以改良的？这个，我不表赞扬，因为他是根据我的早期发明而制造的温度计，他忘记提起我的功绩了。"

背景知识

托里拆利

托里拆利，意大利物理学家、数学家。托里拆利特别强调处理力学问题时数学与实验的重要性。托里拆利是流体力学的奠基人，是17世纪西方的一位颇负盛名的科学家。

1608年，托里拆利出生在意大利法恩莎城的富裕贵族家庭，他从小就受到了良好的数学教育。托里拆利的父亲是一位纺织业主，后来由于经营情况不佳，日益衰落。父亲为了摆脱窘境，被迫把托里拆利送给伯父雅可布抚养。他在十七八岁时，卓越的数学才能已初露锋芒。1627年，伯父在朋友们的劝说下，把托里拆利送到罗马，拜伽利略的得意门生、数学家和水力学工程师卡斯特里为师，继续深造。卡斯特里是当时远近闻名的数学家和水利工程师，他在数学领域的方面都有卓著的成就，还为水力学创立了科学的基础。

1628年，卡斯特里出版了一本有关流体力学的著作。托里拆利仔细研读了导师的名著，还做了一系列的实验，逐个验证书中的重要结论。他发现，书中关于液体从容器底部小孔流出的速度和小孔离液面高度成正比的结论和实验不符。经过反复测量和计算，他总结出水从容器底部小孔流出的速度和水从小孔上方的水面高度自由下落到小孔时候的速度相等，进一步得到了这个速度和小孔上方水面高度的平方根成正比的正确结论。托里拆利热爱和尊敬自己的导师，但是他并不盲从。他决定把自己的发现整理成文，公开发表，来纠正导师的这个学术错误。胸怀宽广的卡斯特里看到这篇文章以后十分高兴，认定托里拆利大有培养和发展前途，立即决定让他当自己的秘书，在学术上给予他指导。

托里拆利画像

托里拆利深刻研究了伽利略的《关于两门新科学的对谈》一书，从中获得了有关力学原理发展方面的很多启发。1641年他写了第一篇论文《论自由坠落物体的运动》，发展了伽利略关于运动的想法。他经卡斯特里推荐做了伽利略的助手，伽利略去世后接替伽利略做了宫廷数学家，1647年10月25日（39岁）过早去世。

当时罗马和佛罗伦萨的学者们热烈讨论着自然的本性是否“厌恶真空”和如何解释矿井中的水泵只能把水提到18肘(10.5米)高的问题。伽利略虽曾经做过称量空气的实验，证明空气有重量，但他仍认为可能有一种“真空阻力”。意大利学者G.B.巴利安尼在1630年写信给伽利略时，提出可能存在大气压力的假设。1644年，托里拆利和伽利略的另一位学生维维亚尼在一起进行实验研究，他们用汞代替水进行实验，认为比水重14倍的汞大约只能升起水柱的1/14。将玻璃管装满汞后倒置于盛汞容器中，玻璃管上端就获得“托里拆利真空”；与此管对比的还有另一个上面带圆玻璃泡的玻璃管。托里拆利原来猜想容积大的真空应有较大的“真空阻力”，但两管的水银柱却等高。在1644年他给罗马的M.里西的信中说：“我们是生活在大气组成的海底之下的。实验证明它的确有重量……”“我们看到：一个真空的空间形成了……它是外在的并且是来自外界的，”“它们的设计不仅要造出真空，而且要造出可以指明气压变化的仪器。”这一实验之所以能率先在意大利做成功，还因为罗马和佛罗伦萨在当时吹制玻璃器皿的技术最先进。这个实验传到西欧后随即引起了帕斯卡、盖利克等人对大气压的研究热潮。

托里拆利在流体力学方面的贡献是提出了关于液体从小孔射流的定理：在充水容器中，水面下小孔流出的水，其速度和小孔到液面的高度平方根以及重力加速度的2倍的平方根成正比（托里拆利定理）。他还解释过风的形成是由于空气的密度与温度差。

在静力学方面，托里拆利发现，一个物体系统，当其重心处在最低位置时，发生小位移时重心下降，系统才是稳定的。此外，他在磨制精良透镜和将伽利略气体温度计改为液体温度计方面也获得了成功。

托里拆利也具有很高的数学造诣。他在数学方面最大的贡献是进一步发展了卡瓦列里的“不可分原理”，为后来牛顿和莱布尼兹所创立的微积分学奠定基础。他在《几何学文集》中提出了许多新定理，如由直角坐标转换为圆柱坐标的方法、计算有规则几何图形板状物体重心的定理。他还成功地结合力学问题来研究几何学。例如，他研究了在水平内的一定速度抛出物体所形成的抛物线上作切线运动的问题，还研究了物体产生的抛物线的包络线。他曾测定过抛物线弓形内的面积、抛物面内的体积，还解决了其他十分复杂的几何难题。

托里拆利还将卡瓦列里的不可分原理以通俗易懂的方式写得颇受广大读者欢迎，对不可分原理的普及起了推动作用。

“您什么时候做那个温度计的？先生。”

“好久以前，像是百年以前一样。让我想想……是在那些幸福的日子，那时我的手还无法配合脑子的时候。我常是这个发明还没有做完，然后又开始捣鼓另外一个发明。”

这年轻人急切地说：“请您告诉我，您的温度计是怎么个情形？”

伽利略按照记忆中的情形介绍道：“我将一支U形管的一端封闭，从开口的一端把水充进去，水将空气挤在封闭端的顶部。当温度上升时，被困的空气膨胀，因而将水往下推。温度降低时，空气收缩，水开始回升，根据水平面代表的被困的空气容积就可以测量温度的高低了。”

年老的科学家叹口气说：“我敢用大公爵的大壶美酒和你打赌，年轻人，你一定没有听到过我的发明。我当时忙于购置模型，甚至忙得不会写封信给几位同行学者。没关系！现在你先说说你的观念。”伽利略很感兴趣地等他回答，但他这时已很疲惫，不知是否能集中听力聆听这位发明家说话了。

“我在实验中用水银代替水，因为水银在普通温度下不会冻结或蒸发。”托里拆利这样回答。

“好！”伽利略低语道。

托里拆利很高兴地开始讲他制作气压计的情形。

“我记得亚里士多德理论中‘自然无真空’的说法，这能解释为何水银而非水在管内上升的原因。我注意到水银高度每天变化不同。”托里拆利笑了起来，“我想，大自然不会像一个轻浮的孩子，在这同一真空管子里每天有不同的表情。因此，我放弃了亚里士多德的说法，得到一个结论：水银柱高度变化是由大气压力变化引起的。”

他胜利地下了这个结论。在解说的同时，他画出了一个草图，但他没有听到回答，他抬头一看，这位欧洲最伟大的科学家竟然已经入睡了。

夕阳西下

这些年轻人虽然深爱这位老人，但伽利略仍免不了想念他的亲骨肉。他已无法看见他的女儿，而女儿也不会再想念他、接近他。这时，从慕尼黑传来消息，弟弟米盖和他的妻子以及几个孩子全死去了。

“他们以前来这里看我时，我该忍耐些，对他们好些才是。”伽利略如今埋怨自己，“但是，我不久也可以看到他们了。”

他请来一个公证人，立下他的遗嘱。他把一小笔年金赠给了亚肯吉修女，他知道她没有什么需要，但伽利略这最后的表示可以让这位冷漠的女人知道他并不曾忘记她。其余一笔不小的财产全给了儿子。他要求下葬在靠近父母在圣十字大教堂附近的墓地。

公证人扶持着老人颤抖的双手在遗书上签字，老人已泣不成声。他心中在想：“我如果眼睛能看见，我要再端详一次另一个老年人的一幅杰作——一幅圣母俯视死去儿子的绘画。”

他心力疲惫地伏在枕上。他的宇宙，缩小成一间黑暗的屋子，马上又要缩成一个更小的牢笼，比玛丽亚常跪在前面为他祷告的牢笼更小，和她最后休息的地方一样。他知道她不会在那里，她是安全地住在一个人类眼睛从未见到过的宇宙球体上，在替他恳求上帝进入她所在的永久和平的乐园。

佛罗伦萨的名人、贵族、宫廷不断地关怀、问候伽利略。罗马教皇乌尔班写信祝福他曾爱过的朋友。文辛在念着盖有独一无二的教皇玉玺的羊皮纸慰问文件时，伽利略似乎没有在听。文辛把它叠得妥妥当当，珍藏起来，当成父亲留下的荣誉遗产。当薛蒂莉俯身向她公公询问是否要去请一位教士来的时候，伽利略似是已懂得，点头表示乐于接受教堂给他的最后一次安慰仪式。

1642 年 1 月，欧洲战场上基督教和天主教徒仍在进行生死之战。在意大利，这位 78 岁的疲惫战士正和死亡进行最后一战。

伽利略的双手用力拖拉着床单，眼睛睁开了。文辛吓得后退，他想起父亲的眼睛，可能是复明了。

垂死者的目光仍无法穿越黑暗的屋子。他心里在想，教士已替他忏悔，他已获得饶恕，他可以平和地去了，但他觉得还没有准备好。

一个人能有准备好的时候吗？他静寂地苦思：“我如果仍在盛年时期，有着青春的活力，憧憬着为我的伽利略世家带来财富、荣誉，我一定能和死亡奋战。现在，我老了、跛了、瞎了，但如果我还能挣扎得久一点，一年、一个月或甚至一礼拜，让我教会文辛把那只摆钟完成。

“我的脉搏已跳动不定。我如果有我的脉搏计，我那一件钟摆，是啊，就是从那天在大教堂开始，当我看到那悬挂着的吊灯时，我知道我可以驳倒亚里士多德。现在我必须停止工作，做出一个测时用的钟摆。但那圆圈还没有画完，我的工作还没有完工，还有许多的记录，那些有关震荡的篇章。是的，一个人工作了差不多 60 年，最后仍要强迫他离开，在工作台上留下那些散乱的工具和没有完成的工作，像是一个学徒急着要去度假似的。

“但我也该满足，我常想寻找真理，我已在许多地方找到它了。我只有一次走入歧途。主啊，您曾在十字架上受苦，您的苦痛巨大，但您能忍受，因为您是上帝。我只是一个凡人，一个俗人。我想起火刑柱上的布鲁诺，我复诵法官叫我念的字句。

伽利略铜像

“主啊，您知道我的悔恨和羞耻。从我违背真理开始，我便一直祈求您的饶恕。我该接受应得的惩罚，也许，您叫我失明，就是要我接受您的惩罚。我偷看了您布满天空的奇景，您曾命令世人不得窥视您在天空创立的奇景。

“我应该受到的惩罚可以结束了吗？主啊！回到您的世界，我可以恢复我的视力吗？您会允许我继续研究那些星球吗？……”

“他平静地死去了。”文辛告诉维维亚尼，他迟到了一会儿，还没来得及向老师道别。“他的手不再在失明以后的暗中摸索，他脸上不再有受伤和迷惑的不悦。没有，他带着微笑、自信、没有害怕。我有一阵子感觉到，会有奇迹出现，他会复明的。”文辛说道。

附 录

伽利略年表

1564 年，2 月 15 日出生于意大利佛罗伦萨附近的比萨。

1574 年，迁居佛罗伦萨，进瓦隆布罗萨的古老的卡马多斯修道院学习。

1581 年，进比萨大学医科学习。

1583 年，听了关于欧几里得几何学的演讲，研究《几何原本》。从教堂吊灯架摆动得到启发，领悟出钟摆的等时性原理，后来由此想到落体的同时性。

1584 年，因对学医无兴趣，退出比萨大学，跟数学家里西学数学，为了生活问题，还为富家子弟讲授数学。

1585 年，回佛罗伦萨，做物体沉浮实验。

1586 年，写成第一篇论文《论比重秤》。

1587 年，第一次到罗马，结识科学家克拉威斯、蒙特等人。年底，发明测固体重心的方法。

1588 年，应邀到佛罗伦萨学院，就但丁《地狱篇》中的地狱的位置、大小、布局进行讲解。

1589 年，受聘任比萨大学数学教授。在手稿《论运动》中批评了亚里士多德的《物理学》。

1591 年，父亲去世。因批评王子受到攻击；离开比萨大学，到威尼斯、罗马旅居。

1592 年，天文学家、数学家蒙特推荐他到帕多瓦大学执教。发明绘图仪，可代替手工绘图。

1593 年，给第谷写信。写力学和筑城学课程大纲，偶然接触哥白尼学说。

1596 年，年底，开普勒的《宇宙的奥秘》出版，他写信祝贺。

1597 年，写信给开普勒表示相信哥白尼学说。发明军用测位罗盘的机械计算机。

1599 年，雇用工匠制造仪器。

1600 年，和威尼斯女人玛丽娜·根巴同居。

1601 年，长女出生。

1602 年，次女出生。全面修改他的力学论文。首次发现斜面运动的两个原理。开始研究摆。

1603 年，林赛科学院在罗马成立。开始研究加速度。

1604 年，发现一颗超新星，力排众议，发表关于超新星的讲演。研究落体定律。

1605 年，写了一本小册子反驳克雷蒙尼的小册子。开始将观察和实验作为科学研究的基础。在佛罗伦萨担任王子科西莫的数学家庭教师。

1606 年，儿子文辛出生。论计算器的书出版。

1607—1608 年，整理运动定律，得出正确的落体定律。

1609 年，收到巴黎来信，知道有人制成望远镜。7 月，访问威尼斯，研究制造望远镜原理，制成可以放大 60 倍的望远镜。8 月，送一台望远镜给威尼斯共和国政府。12 月 1 日，用自制望远镜观察月亮和行星。受命为帕多瓦大学终身教授。

1610 年，1 月 7 日夜，用自制望远镜发现 4 颗绕木星运动的卫星。3 月，写成《星际使者》一书，献给科西莫大公。4 月，到罗马，加入林赛科学院。6 月，回佛罗伦萨，公开宣讲哥白尼学说。发现土星奇特外形，观察水星，发现金星的相位，研究木星轨道周期，观察银河。12 月，耶稣会天文学家证实他的发现。

1611 年，发现太阳黑子。正当他取得成就时，反对他的人已把他的材料送到宗教裁判所。当选林赛科学院院士。

1612 年，出版流体静力学论文。开始研制温度计。精确测出木卫运动周期。

1613 年，《关于太阳黑子的书信》在罗马发表。

1615 年，为地动说的传播奔波。女大公克丽丝汀表示拥护。回佛罗伦萨，定居阿切特里。3 月 20 日，卡西尼告密，宗教裁判所准备控告他。写《致卡斯特里的信》，被认为有悖于《圣经》。他后来把此信扩充为《致克丽丝汀的信》，公开阐述自己的观点。12 月，第三次去罗马。

1616 年，年初，写了一本论潮汐理论的书给奥西尼枢机主教。2 月，大主教告诫他放弃地动说。3 月，宗教裁判所宣布禁止宣讲哥白尼学说，《天体运行论》被禁售。贝拉明诺主教告诉他：法庭不再起诉他，他可以用数学假设的形式研究和解释天文现象，但不宜公开辩护自己的观点。康帕纳拉出版《为伽利略辩护》，使他受到鼓舞。

1617 年，遵照教皇命令，不讲哥白尼学说，把注意力转到精密测定完善木星运动表，让海员可以利用它来相当准确地测定船只在海上所处的经度。

1618 年，三十年战争爆发。天空出现 3 颗彗星，伽利略因病未能观察。

1623 年，论彗星的著作《试金者》出版。

1624 年，4 月，第四次访问罗马，庆贺教皇乌尔班八世登基，请教皇准许他出版论述潮汐理论的书。

1628 年，写《关于托勒密和哥白尼两大世界体系的对话》（简称《对话》）。

1629 年，继续写《对话》。儿子与薛蒂莉结婚。

1630 年，《对话》写成。4 月，为申请出版《对话》第五次到罗马。

1631 年，《对话》获准出版。

1632 年，3 月，《对话》问世。7 月，教皇震怒，《对话》被禁止发行。9 月 30 日，教会命伽利略去罗马受审，年底，带病乘车去罗马。

1633 年，3 月 12 日开始审讯。6 月 22 日判处终身监禁。由于几位有地位的朋友的求情，法庭才准许他离开罗马，到佛罗伦萨南面锡耶纳大主教皮柯罗米尼家居住，由大主教实行监护。5 个月后，教皇才准他回到阿切特里自己家中居住，条件是不得私自去罗马，不许私自接待客人，不准进行任何科学讲演。

1634 年，4 月 2 日，长女去世，享年 33 岁。《力学》由法国科学家默森译成法文。

1635 年，《对话》由奥地利科学家伯耐格译成拉丁文。

1636 年，从事物理研究，开始写《关于两门新科学的谈话》(简称《谈话》)。《致克丽丝汀的信》由狄奥达拉译成拉丁文。

1637 年，《关于两门新科学的谈话》完成，双目失明。

1638 年，他的学生卡斯特里为医治他的双目，在罗马四处奔波求情，最后才获准让他到佛罗伦萨就医，条件是要向佛罗伦萨宗教裁判所作保，还要保证不在路上和教堂与人交谈，但医治失败。年底，一个 16 岁青年维维亚尼来到他身边帮他读、写，做他的秘书。《谈话》在荷兰出版。英国诗人弥尔顿来访。

1640 年，物理学家托里拆利来到他身边，陪他工作，直到他去世。

1641 年，口述学术思想，由维维亚尼记录。托里拆利在此时期发明气压计。

1642 年，1 月 8 日，在阿切特里逝世，享年 78 岁。这年牛顿出生。

1642 年，1 月，枢机主教弗朗西斯科 · 巴贝里尼（曾拒绝在处分伽利略的判决书上签字）的管家霍雷尔斯特给朋友写道："今天传来伽利略去世的噩耗，这噩耗不仅会传到佛罗伦萨，而且会传遍全世界。这位天才人物给我们这个世纪增添了光彩，这是几乎所有其他平凡的哲学家所无法比拟的。现在嫉妒平息了，这位智者的伟大开始为人所知晓，他的精神将引导着子孙后代去追求科学。”

1737 年，佛罗伦萨市民在圣十字大教堂举行盛大集会，将伽利略和他的学生维维亚尼的遗体迁葬，并竖立纪念碑。

1757 年，伽利略去世后 115 年，教会作出决定，解除对伽利略著作的禁令。

1992 年，教皇保罗二世为伽利略冤案平反，不再视他为“罪犯”，不再把他的名著《关于托勒密和哥白尼两大世界体系的对话》视为异端邪说。